KAWADE
夢文庫

阪急電鉄 スゴすぎ謎学

小佐野カゲトシ

河出書房新社

「鉄道」の枠を超えて輝く〝阪急ワールド〟にようこそ！◉まえがき

大阪・梅田と神戸、宝塚、京都を結び、気品（きひん）ある伝統のカラーリング「マルーン」に身を包んだ電車で知られる阪急電鉄。一世紀以上にわたるその歴史は、まさに日本の都市文化と鉄道の歩みそのものだ。

郊外から都心へ電車で通勤し、ターミナル駅のデパートで買い物、休日は沿線の行楽地へ……という日本の都市生活スタイルは、創業時から鉄道だけでなく、不動産や商業施設の開発、そして「宝塚歌劇団」に代表される文化事業に力を注（そそ）いできた阪急が築（きず）き上げたといっても過言（かごん）ではない。その意味で、電鉄会社のビジネスモデルを生んだ「阪急」は、単に鉄道会社の名前という以上の意味合いをもつブランドとして、つねに私鉄界のリーディングカンパニーでありつづけてきた。

本書では、日ごろ乗っていてもなかなか気づかない点や、知られざるエピソードなどを通じて、阪急とその沿線文化が織（お）りなす奥深い魅力を掘り起こしてみた。

いわゆる鉄道ファンだけでなく、阪急と、その沿線を愛する多くの方々にも楽しんでいただきたい。

小佐野カゲトシ

阪急電鉄 スゴすぎ謎学◉もくじ

1 伝統を守りつつ、進化し続ける！ 阪急のここが超絶だ！

2 路線の謎学
知るほどに乗るのが愉しくなる！

3 車両の謎学

美しい車体には〝こだわり〟がたっぷり!

4 沿線文化の謎学
鉄道主体のまちづくりが花開いた！

5 歴史の謎学

意外すぎる事実の連続にビックリ！

6 駅の謎学

ふだんは気づかない魅力に迫る！

7 サービスの謎学
乗客の心をとらえて離さない！

カバー写真◉railphoto_tetsu／PIXTA
図版作成◉AKIBA

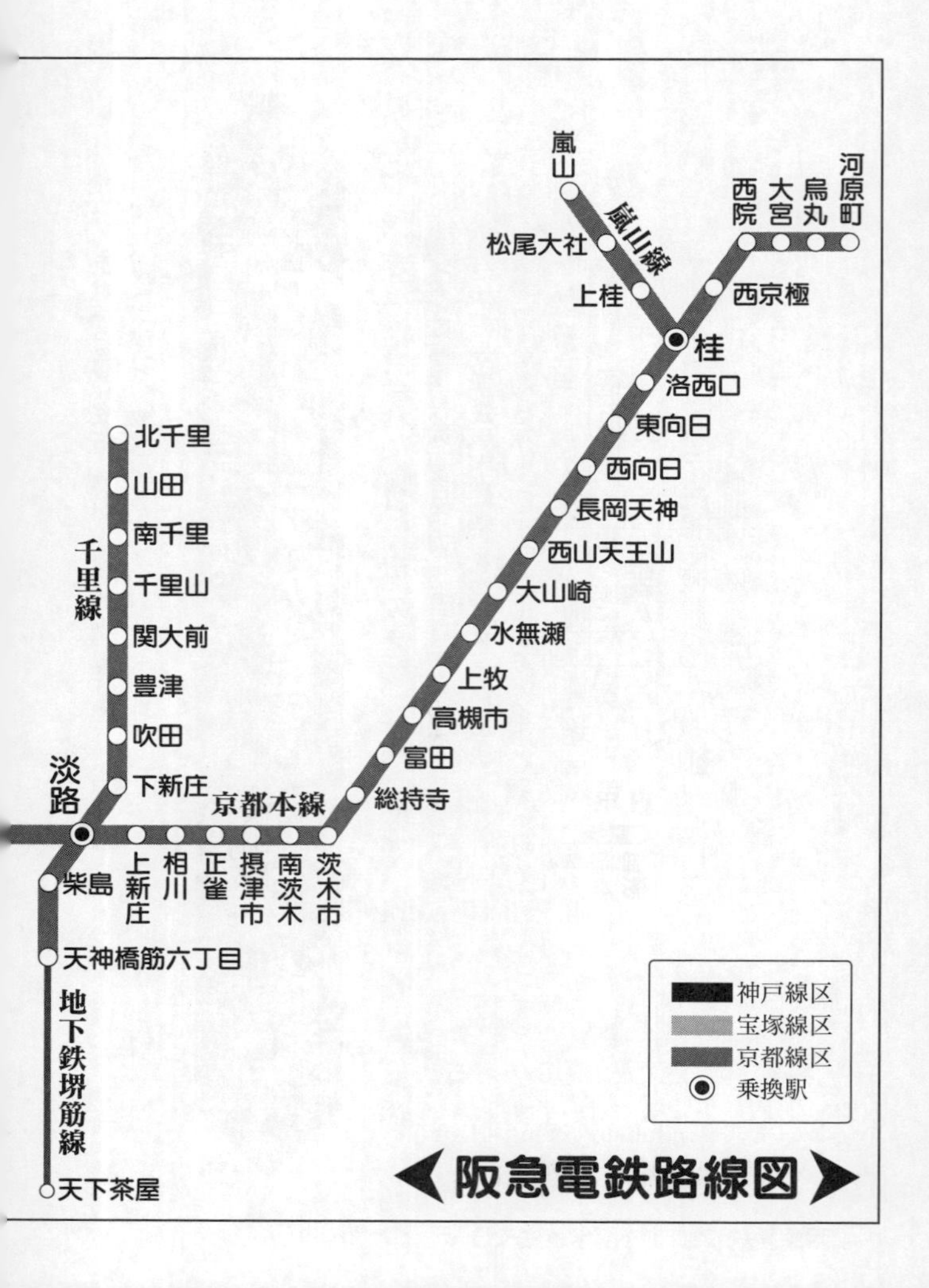
嵐山
嵐山線
松尾大社
上桂
河原町
烏丸
大宮
西院
西京極
桂
洛西口
東向日
西向日
長岡天神
西山天王山
大山崎
水無瀬
上牧
高槻市
富田
総持寺
京都本線
茨木市
南茨木
摂津市
正雀
相川
上新庄
淡路
北千里
山田
南千里
千里線
千里山
関大前
豊津
吹田
下新庄
柴島
天神橋筋六丁目
地下鉄堺筋線
天下茶屋
神戸線区
宝塚線区
京都線区
乗換駅
阪急電鉄路線図

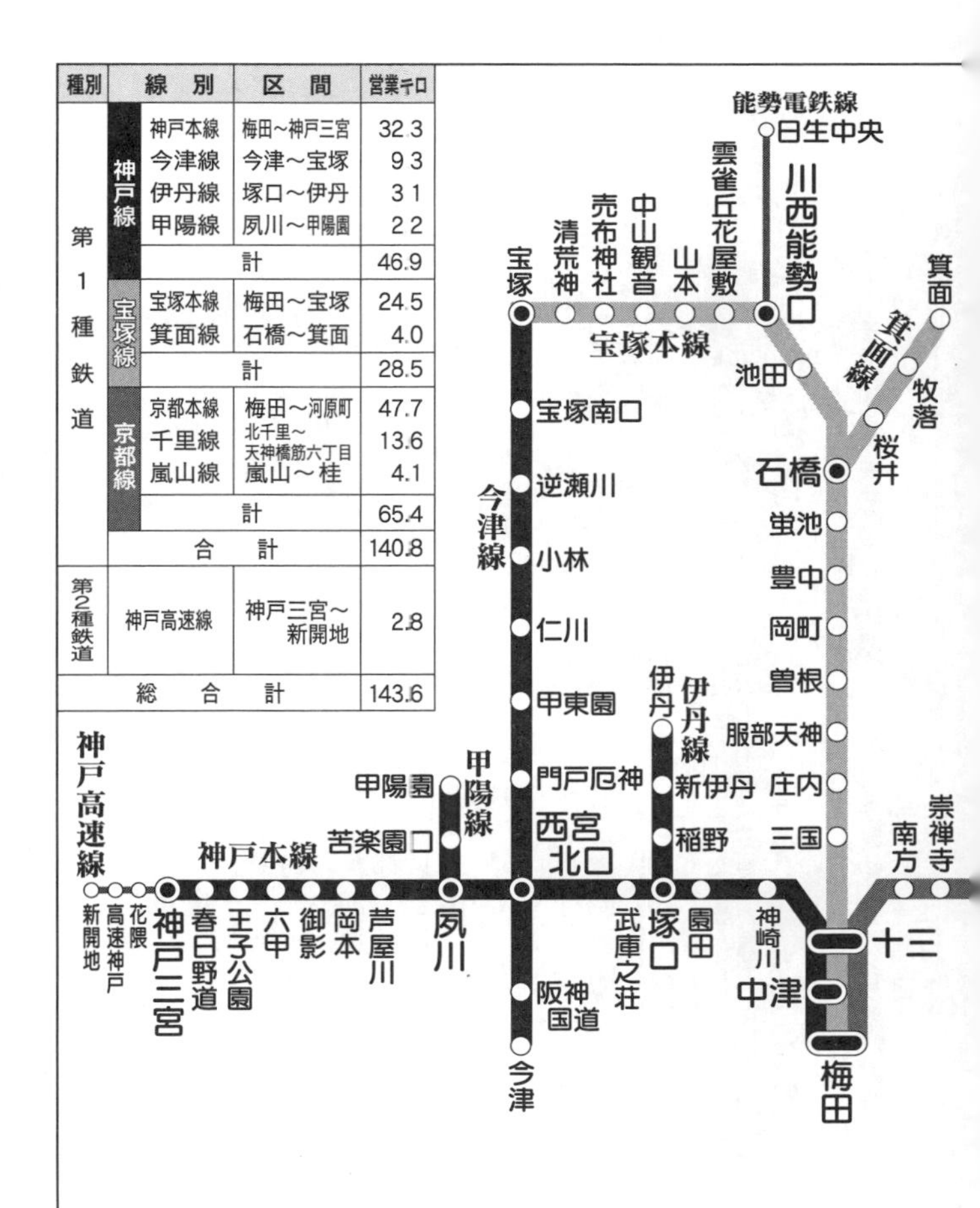

種別	線別		区間	営業キロ
第1種鉄道	神戸線	神戸本線	梅田～神戸三宮	32.3
		今津線	今津～宝塚	9.3
		伊丹線	塚口～伊丹	3.1
		甲陽線	夙川～甲陽園	2.2
		計		46.9
	宝塚線	宝塚本線	梅田～宝塚	24.5
		箕面線	石橋～箕面	4.0
		計		28.5
	京都線	京都本線	梅田～河原町	47.7
		千里線	北千里～天神橋筋六丁目	13.6
		嵐山線	嵐山～桂	4.1
		計		65.4
	合計			140.8
第2種鉄道	神戸高速線		神戸三宮～新開地	2.8
総合計				143.6

9000系

2006年(平成18)7月に登場した神戸線・宝塚線用の車両。8000系(15ページ参照)の次世代車として車体の軽量化や遮音性の向上が図られた。座席はすべてロングシート。ドア上部には液晶ディスプレイの情報案内板も装備。

9300系

2003年(平成15)10月に京都線の特急向け車両としてデビュー。座席は転換式クロスシートとロングシートの混成、ドアの数も片側3ドアとなり、乗車中の快適性を高めることと混雑緩和の効果を兼ね備えている。

「阪急マルーン」を装って走る車両たち①

1000系

2013年(平成25)11月にデビューした神戸線・宝塚線用の最新車両。遮音性、安全性、省エネ、バリアフリーに優れており、新型モーターの搭載や制御装置の機能向上が施されている。能勢電鉄線への乗り入れにも対応。

1300系

2014年(平成26)3月に投入された京都線用の最新車両。車体設計のコンセプト、すべての照明類のLED化、ロングシート座席の採用…という点は1000系と同様だが、モーターの形式は異なっている。大阪市営地下鉄堺筋線への乗り入れに対応。

7000系

1980年（昭和55）に登場した神戸線・宝塚線用車両。同一系列の製造数ではもっとも多い210両がつくられた。車輪の回転エネルギーを電気エネルギーに変換することで抵抗を生み出し、ブレーキをかける「回生ブレーキ」システムを初採用。

7300系

1982年（昭和57）に京都線用として投入された。車両性能は7000系と同等。こちらも回生ブレーキを採用している。7000系とともに、近年は前面デザインなどがリニューアルされた車両が多く走っている。

「阪急マルーン」を装って走る車両たち②

8000系

1989年（昭和64）1月1日に神戸線・宝塚線用車両として登場。創立80周年を記念して製造された。小型で軽量の交流モーターを本格的に搭載。窓や行先表示・列車種別の表示位置など、前面のデザインが一新された。

8300系

1989年（平成元）に京都線用車両として投入された。市営地下鉄堺筋線への直通運転対応車で基本コンセプトは8000系と同様。前面のデザインもまた、8000系と同じく大きな変化を遂げた。

5300系

1972年(昭和47)に京都線用車両として登場。初めて電気指令式ブレーキが採用された。

5100系

1971年(昭和46)にデビュー。各線での走行を可能にするために機器類の統一が図られた。パンタグラフにひし形の下部を交差させて上部を軽量化する方式も初採用。また、量産車初の冷房車両でもある。

「阪急マルーン」を装って走る車両たち③

6000系

1976年(昭和51)に神戸線・宝塚線用の車両としてデビュー。現在は宝塚線を中心に運用されているが、今津線・甲陽線ではワンマン運転も行なっている。

6300系

1975年(昭和50)に京都線の特急専用車両として登場。すべての座席が転換クロスシートとなった。翌年には阪急初の「鉄道友の会ブルーリボン賞」も受賞している。

3300系

1967年(昭和42)、2年後の大阪市営地下鉄堺筋線との相互直通運転に対応するために京都線に投入された車両。車体の寸法は、市営地下鉄側に合わせたものとなっていた。

3000系

1964年(昭和39)に登場。架線電圧の1500ボルトへの引き上げに対応するために開発された。現在は今津線、伊丹線で運用されているが、そのいっぽうで廃車も進んでいる。

「阪急マルーン」を装って走る車両たち④

5000系

1968年(昭和43)に神戸線用として投入された車両。山陽電鉄との相互乗り入れのために1500ボルトに昇圧された同線で大きな働きをした。

5000系
(リフレッシュ車)

登場から50年が経とうとする現在も、5000系は前面を中心に改修・リニューアルが施され、神戸線と今津線で元気に走っている。

阪急グループを創り上げた「小林一三」の歩み

1873年（明治6）	出生	1月3日、山梨県北巨摩郡韮崎町（現・韮崎市）にて出生
1888年（明治21）	15歳	慶應義塾に入学
1892年（明治25）	19歳	慶應義塾を卒業
1893年（明治26）	20歳	三井銀行に入行
1907年（明治40）	34歳	箕面有馬電気軌道創立の追加発起人に。専務取締役に就任
1908年（明治41）	35歳	豊能郡池田町（現・池田市）に転居
1914年（大正3）	41歳	宝塚少女歌劇初公演
1927年（昭和2）	54歳	阪神急行電鉄取締役社長に就任
1928年（昭和3）	55歳	東京電燈副社長に就任（1933年には社長に）
1929年（昭和4）	56歳	阪急百貨店開業
1932年（昭和7）	59歳	株式会社東京宝塚劇場創立、取締役社長に就任
1935年（昭和10）	62歳	欧米視察の旅へ
1936年（昭和11）	63歳	池田五月山山麓に自邸「雅俗山荘」を竣工
1940年（昭和15）	67歳	商工大臣に就任
1945年（昭和20）	72歳	幣原内閣の国務大臣兼戦災復興院総裁に就任
1951年（昭和26）	78歳	公職追放解除。東宝社長に就任
1957年（昭和32）	84歳	1月25日、急性心臓性ぜん息のため急逝

1

≪伝統を守りつつ、進化し続ける!≫

阪急のここが超絶だ!

たとえば…
巨大ターミナル梅田駅は
「日本初」「日本一」の宝庫!

「〇〇電鉄」という社名は、阪急が発祥！ ◎阪急のここがスゴい！①

阪急はもちろん、多くの私鉄が社名としている「電鉄」。鉄道が蒸気機関車による長距離列車主体だった時代に、都市近郊を結ぶ電車を走らせる「電気鉄道」の略称として生まれた言葉だ。

現在ではごく当たり前に使われているが、じつは正式な社名に初めて採り入れたのは阪急だった。なぜ、この言葉を社名にしたかというと、「電気鉄道」と名乗れなかった理由があったためである。

阪急の歴史は、１９０６年（明治39）に発起人会が設立された「箕面有馬電気鉄道」にさかのぼる。同社は翌年の１９０７年（明治40）に社名を「箕面有馬電気軌道」と改め、１９１０年（明治43）３月10日に現在の宝塚線と箕面線にあたる梅田―宝塚間と石橋―箕面間を開業する。

このときの社名は「軌道」だった。軌道とは、簡単にいえば路面電車のこと。いわゆる鉄道と路面電車では、線路を敷設するさいの法律が異なるが、阪急は路面電車を敷設するときの法律にもとづいて線路を敷いたわけだ。

箕面有馬電気軌道は沿線開発などによって経営を軌道に乗せ、次のステップとして神戸線の建設にとりかかる。

のちに特急列車が25分で阪神間を疾走することになる神戸線だが、じつはこの路線も軌道法によって建設された。当時は国鉄（現・JR）と並走する鉄道の新設はなかなか認められなかったため、この問題を「所轄官庁の異なる軌道法にもとづいて建設する」という方法で突破を図ったのである。ちなみに、同じ区間を並行して走る阪神電鉄は1905年（明治38）に開業しているが、同社も同じ方法によって建設にこぎつけている。

しかし、神戸線は当初から高速列車を走らせることを目指して計画された路線であり、道路上を走るつもりはさらさらなかった。できれば社名も「軌道」ではなく、スピード感のある名前がいいが、鉄道法にもとづく路線ではないため、社名に「鉄道」を使うことには同法の所轄官庁である鉄道省が渋い顔をする。

そこで総帥、小林一三が考え出したのが「電鉄」だった。電気鉄道の略称ではあるものの、「鉄道」という名ではない。さらに「急行」を加えることで、先行する阪神電鉄よりも速いというイメージを与えることもできる。

そうして、1918年（大正7）2月4日、箕面有馬電気軌道は「阪神急行電鉄」に社名を変更。その後の躍進へ向けた新たな一歩を刻み始めた。そして、この社名

箕面有馬電気軌道開業にあたり製造された1型電車（写真：Tamanon）

保存されている1型電車の車内（写真：TRJN）

変更は都市型の電気鉄道があいついで「電鉄」と名乗るきっかけともなった。

現在、全国の大手私鉄16社のなかで「電鉄」を正式な社名としているのは、阪急をはじめ、関東の京成・京王・小田急・東急・京浜急行の6社。

もし、大正時代に阪急が「電鉄」を名乗らなければ、これらの鉄道会社の社名も違っていたかもしれない。

梅田駅は「日本初」「日本一」の宝庫！◎阪急のここがスゴい！②

京都線・宝塚線・神戸線のホームがズラリと並ぶ梅田駅。見るからに壮大な風景だが、ホーム10面・線路9線という規模は、行き止まり式の駅としてはじっさいに日本一を誇る。

そして、阪急の梅田駅には、このほかにも「日本一」や「日本初」がある。あまり知られていないものも含め、そのいくつかを見てみよう。

まずは「日本初」。阪急梅田駅の「日本初」で、よく知られているのが駅と阪急百貨店うめだ本店の間に設置されている「動く歩道（ムービングウォーク）」だ。いまでは空港などでよく見られる設備だが、導入したのは阪急が日本初。１９６７年（昭和42）、駅の大改良工事にともなう移転にあわせて設置された。

阪急梅田駅と地下鉄や阪神の梅田駅方面とを結ぶ南北コンコースの南端に設けられたエスカレーターにも「日本初」の要素がある。それは「6台のエスカレーターが並列に配置されている」こと。これもまた日本初だが、こちらは新しく、2012年（平成24）7月末に使用が開始されたものだ。

さらに、液晶ディスプレイによって映像広告を放映する「デジタルサイネージ」がある。3階コンコースに並ぶ柱に設置された画面のサイズは、4K対応の84インチだ。現在はほかの駅でも見られるようになったが、駅構内でこのサイズのディスプレイを一挙に24面も設置したのも、阪急の梅田駅が日本初だった。

いっぽう、阪急梅田駅の「日本一」とし

横一列で計43台もの自動改札機が並ぶ梅田駅の改札

ては、「自動改札機がズラリと並ぶ様子」が一時期インターネット上などでも話題を呼んだ。

3階の改札に並ぶ自動改札機の台数は43台。途中に柱はあるものの、横一列にズラリと並ぶ様子は壮観だ。JR大阪駅や東京駅、新宿駅などといった巨大ターミナルでも、横一列にこれほど多くの自動改札機が並んでいる例はなく、「対抗馬」としてよく取り上げられた相模鉄道（相鉄）の横浜駅も23台だ。

「横一列に並ぶ自動改札機の台数」といった統計はないため、公式に「日本一」と言い切ることは難しいものの、おそらく日本一。平面に9本の線路が並ぶ行き止まり式のターミナル駅ならではといえる光景だ。

となると「自動改札機の設置数が日本一なら、乗降客数もまた日本一なのだろう。少なくとも私鉄駅では日本一のはずだ」と考えるだろう。しかし、これは残念ながら間違い。2015年（平成27）の平均で、梅田駅の1日あたりの乗降人員は54万5067人。関西の私鉄でトップなのは事実だが、東京の東急電鉄渋谷駅は地下鉄乗り入れの通過利用者を含むものの1日あたり100万人を超えており、この点では大きく水をあけられている。

とはいえ、日本有数の巨大ターミナルであることは間違いない。

「関西初の地下線」を走らせた！◎阪急のここがスゴい！③

一般的に「関西初の地下鉄」として知られているのは、1933年（昭和8）5月20日に梅田（開通時は仮駅）—心斎橋間が開業した大阪市営地下鉄御堂筋線だ。

だが、じつは「地下に線路を通した路線」という意味では、関西初の路線は御堂筋線ではない。同線より2年も早く、約2キロメートルの本格的な地下鉄道を建設した鉄道会社があったのだ。それが、阪急京都線の前身である京阪電鉄系列の新京阪鉄道（64ページ参照）である。

新京阪鉄道が建設した地下線は、現在の京都線の大宮—西院間。同区間は、御堂筋線の開業よりも2年ほど早い１９３１年（昭和６）３月に開業した。地下線の延長は約2キロで、日本初の地下鉄である東京メトロ銀座線の上野―浅草間が約２・２キロであったことを考えると、まったく遜色ない本格的な地下鉄といえる。

当初、新京阪鉄道は京都市中心部への乗り入れにあたり、国鉄（現・ＪＲ）山陰本線と交差するために高架線を建設する予定だった。しかし、高架の建設には用地買収や建物の立ち退き補償などが大きな課題となる。いっぽう、当時京都市は四条大宮―西院間の道路拡幅を検討していたものの、経費の面がネックとなっていた。

そこで、新京阪鉄道が道路拡幅費用を負担するという条件で、同区間に地下線を建設することが認められたのである。

工事は１９２９年（昭和４）に着工し、トンネル工事は地上から地面を掘り下げる開削工法で行なわれた。高速運転を旨とした新京阪鉄道の路線だけに、当時の最高レベルの技術が投入され、地下水位の高さに悩まされつつも、約2年をかけて地下線は完成。途中で新京阪鉄道は親会社の京阪電鉄と合併して「京阪電鉄新京阪線」となり、１９３１年3月31日、関西で初の本格的地下路線として京阪京都（現・大宮）―西院間が開業を見た。

戦前に開業した「地下鉄」である銀座線や御堂筋線と比較しての大きな特徴は、

車両への電力供給が架線方式であること。地下鉄はトンネル断面を小さくするために、とくに初期に開業した路線では、線路の脇に設置した「サードレール」と呼ばれる第３のレールから電力を供給する方式がほとんどだった。

しかし、新京阪鉄道はもともと地上を走る路線だけに、地下区間でも架線から車両の屋根上にあるパンタグラフで電気を取り入れる方式を採用した。国内の本格的な地下鉄道で架線方式を採用したのは、これが初めての例だ。

現在の京都線の大宮—西院間は「当時の最高レベルの技術を投入して建設された関西初の地下線」という歴史的価値の高さから、土木学会の選奨土木遺産にも認定されている。京都で地下鉄といえば、ふつうは市営地下鉄のことだが、それよりもはるか昔に立派な地下鉄が存在していたのだ。

新幹線よりも早く、新幹線を走った！◎阪急のここがスゴい！④

東海道新幹線と阪急京都線は、上牧—水無瀬—大山崎間で線路が並行している。運が良ければ、阪急の列車と新幹線が並んで走る様子を見ることができる場所だ。

新幹線と阪急はスピードこそ大きく異なるものの、線路の幅（軌間）は同じ１４３５ミリメートル。一見すると複々線のようにも見える区間だが、じつは線路幅が同じという点を活かして、阪急の列車が新幹線の線路を走ったことがある。しかも、新幹線より「早く」だ。

この区間はもともと阪急京都線の線路が地平を走っており、東海道新幹線の線路は当初、同線の上に高架線を設けることが検討された。しかし、調査の結果、地盤が脆弱であることが判明し、線路の二重構造は不可能となってしまった。ちなみにこの地域の地盤が緩い理由は、ウイスキーで有名な「山崎の名水」で知られるとおり、水が豊富な場所であるためだ。

そこで、東海道新幹線と阪急京都線の両方を高架線とすることになったが、新幹線の工事中、京都線を運休させることはできない。そこでまず新幹線の高架線を建設し、一時的にこの線路上に京都線の列車を走らせ、このあいだに元の京都線の線路跡に京都線用の高架線を建設するという手順が考えられた。

新幹線と阪急の軌間が同じであったことがこの方式の実現を容易にしたが、いっぽうで、架線の電圧は東海道新幹線が交流2万5000ボルト、京都線が直流1500ボルトであったため共用することができない。そこで、新たな電気施設を設けることで、新幹線の線路の上に直流1500ボルトの電力を供給した。

新幹線用の線路の上を阪急が走ったのは、1963年（昭和38）4月から12月ま

◀阪急と東海道新幹線の併走区間▶

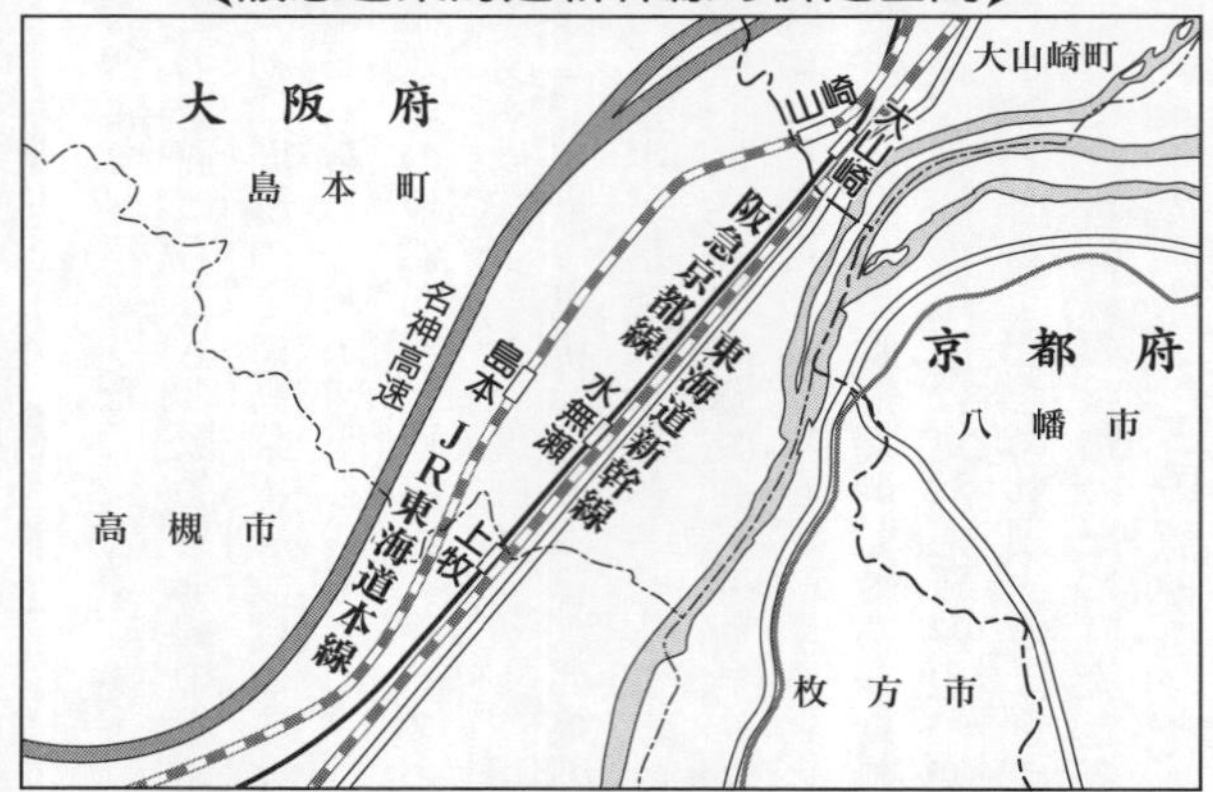

阪急の横を新幹線が並走するのは、この区間のみ
（写真：さんり／PIXTA）

で。およそ8か月のあいだ、翌1964年（昭和39）10月1日に東海道新幹線が開業するよりも早く、新幹線の線路を阪急の車両が走っていたことになる。

新幹線よりも阪急のほうが先に新幹線用の線路の上を走っていた……。阪急京都線の沿線住民や阪急ファンにとっては、ちょっと誰かに自慢してみたくなるネタかもしれない。

鉄道会社のビジネスモデルを築いた！◎阪急のここがスゴい！⑤

「誰も靴を履(は)かない島に派遣された2人のセールスマンが対照的な判断を見せます。1人は靴を履いている人など1人もいないので商売にならないと断定、別の1人は靴の安全性や快適性を理解させれば爆発的に売れると予測。さて、どちらが成功したでしょう？」

セールスなどの研修でよく出てくる例え話だ。成功したのはもちろん後者である。

これと同様に、「乗る人がいなくて赤字になるのなら、乗る客をつくり出せばよい。それには沿線に人の集まる場所をつくればいいのだ」と考えたのが、阪急の創始者であり、電鉄経営のビジネスモデルを築(きず)いたとされる小林一三だった。

明治初期に開業した鉄道は、たちまち陸上交通機関の王者にのし上がり「儲(もう)かる産業」として脚光を浴びることになった。鉄道事業に参入する投資家や事業家たちの思惑は、人口集結地を結ぶ都市間旅客輸送、農産物や鉱工業生産品を産地から都市へと運ぶ貨物輸送で収益を上げることだった。つまり、需要ありきの発想から事業計画を立てたのだ。

明治も中期にさしかかると、連続する人口集結地を縫うように都市間を結び、蒸気機関車ではなく電車による鉄道が誕生した。

その一例は、1905年（明治38）に開業した阪神電鉄だ。当時、まだ珍しかった電気動力方式を採用し、路面電車よりもひと回り大きい車両が、高速で、しかも頻発で運転するという画期的な鉄道ビジネスではあったが、一定の需要が見込めるエリアを選定したという点では、先達の手法を踏襲したものに変わりはなかった。

小林一三が「電鉄ビジネスの祖」と呼ばれるのは、これらとは異なる発想で鉄道事業を行なったからである。小林率いる箕面有馬電気軌道、そしてのちの阪急は、まだ人家の乏しかった空き地だらけのエリアに鉄道を敷き、周辺で住宅開発を行なうことによって沿線に人を住まわせ、そしてターミナルには商業施設を設けて「平日は鉄道で都市部に通勤し、休日は買い物に」という新しいライフスタイルを築き上げた。

さらに、都心側とは反対方向の利用者を増やすため、郊外には宝塚歌劇に代表されるレジャー施設を配置。鉄道事業と関連事業を発展させるという卓抜な戦略であった。

一連の事業は見事な成功を収め、小林の手法は首都圏や中京圏にも広がっていくことになる。代表例は、東急電鉄グループを築き上げた五島慶太だろう（164ページ参照）。日本では大都市圏に限らず、地方の私鉄でも不動産開発や百貨店経営などに乗り出した例が少なくないが、これらも小林のアイデアにもとづいているといえる。

世界に例を見ない、民間鉄道会社が不動産開発や流通などを幅広く手がける「総合生活産業」となるビジネスモデルは、小林一三率いる阪急が生み出したのだ。

世界初！自動改札機を本格導入！◉阪急のここがスゴい！⑥

京阪神や首都圏で育った20代～30代前半の人なら「駅の改札で駅員さんにきっぷを切ってもらった」という記憶のある人は、もはやほとんどいないだろう。それほどまでに普及した自動改札機だが、その先駆けとなったのは阪急だった。

日本初、そして世界でも初の自動改札機が設置されたのは、1967年（昭和42）3月1日。同日に開業した北千里駅に、京都に本拠を置く大手電子機器メーカーであった立石電機（現・オムロン）製のシステムが導入されたのが、駅改札の自動化・機械化時代の本格的な幕開けだ。

立石電機は、改札の自動化に向けた研究を行なっていた近畿日本鉄道（近鉄）と、1964年（昭和39）から自動改札機の試作に向けて共同研究をスタート。1965年（昭和40）から翌年にかけて、両社は試作機を完成させ、実証実験を行なっていた。

その後、立石電機と阪急はこれらの研究を引き継ぎ、新たに開業する北千里駅で世界初の実用化を目指すこととなった。同駅に白羽の矢が立ったのは、ニュータウンにできる新駅であり、機械への利用者の抵抗が少ないと予想されたためだ。

当時は定期券がパンチカード式、普通乗車券が磁気バーコード式とシステムが異なっていたため、北千里駅では定期券用と普通乗車券用の自動改札機が別々に設置されていたが、1968年（昭和43）11月に両方を1台で処理できるタイプが伊丹駅に導入された。

さらに1971年（昭和46）には、きっぷの電子情報規格などを定める日本鉄道サイバネティクス協議会で、磁気式の乗車券にかんする共通の規格が定められ、自動改札機の普及にはずみがつくことになった。

すでに北千里駅などで自動改札機を導入していた阪急は、他社との乗り継ぎなども問題なく対応できるこの規格制定を受け、主要駅への自動改札機導入を計画。プロジェクトは１９７３年（昭和48）にスタートし、１９８３年（昭和58）７月には全駅で自動改札化が完了した。

当時、関西の大手私鉄では自動改札機がすでに一般化していたものの、関東では新たに開業した横浜市営地下鉄や、一部の駅で導入していた東急電鉄などを除けば、自動改札はほとんど普及していなかった。乗り継ぎ可能な連絡乗車券の発行範囲の広さなど、普及の遅れにはシステム的な難しさもあっ

自動改札機が導入された開業当時の北千里駅（写真：毎日新聞社）

たものの、阪急、そして関西私鉄の先進性は高く評価されていいだろう。

その功績が認められ、2007年（平成19）11月には電子・電気通信分野の世界的な学会であるIEEE（アイ・トリプル・イー）が、鉄道向け自動改札システムの実用化にかんしてオムロン・阪急・近鉄・大阪大学の4者を、電気・電子技術などで社会に貢献した重要な歴史的偉業を称える「IEEEマイルストーン」に認定した。

日本でIEEEマイルストーンに認定されているのは、テレビ受信用アンテナなどで知られる「八木・宇田アンテナ」や東海道新幹線、セイコークォーツ、VHSビデオなど、世界に大きな影響を与えたものばかり。北千里駅が実用化一番乗りとなった自動改札機とそのシステムは、輸送量の多い日本の大手私鉄ならではの必要性が生んだ、画期的な発明だったのだ。

未曾有の大震災をこうして乗り越えた！◎阪急のここがスゴい！⑦

1995年（平成7）1月17日の早朝5時46分、淡路島北部沖を震源とするマグニチュード7・3、最大震度7の巨大地震が近畿地方一円を襲った。死者6434人、重軽傷者4万3792人、全半壊家屋およそ25万棟。当時、戦後最悪の自然災害となった阪神・淡路大震災だ。

鉄道は29路線が被災。そのなかには被害の大きかった兵庫県南部を走る阪急も含まれていた。

地震発生時に阪急全線で走行・または停車していた列車は全部で36本。そのうち3本が脱線し、とくに伊丹線の伊丹駅は駅舎が大きく崩壊。そのニュース映像は、地震の凄まじさを日本中、そして世界中に見せつけた。

だが、地震後の阪急の対応はすばやかった。地震発生直後は全線で運転を見合わせたものの、京都線全線と宝塚線の梅田―池田間は当日中に復旧。翌18日には、神戸線の梅田―西宮北口間も運転を再開、さらに19日には、宝塚線全線で運転を再開した。

伊丹駅が崩壊した伊丹線は、同駅こそ仮駅での復旧が3月11日となったものの、ひとつ手前の新伊丹駅から塚口駅までは1月21日から運転を再開。線路上に新幹線や国道の高架が落下した今津線も、2月5日までに全線再開を果たした。

いっぽう、震源地に近い神戸線・西宮北口―三宮（現・神戸三宮）間の復旧には、さらに一定の時間を要することになった。西宮北口―夙川間で1キロメートル以上にわたる高架橋の倒壊が起き、三宮でも駅ビルや高架橋の損傷など、大きな被害を受けていたためだ。

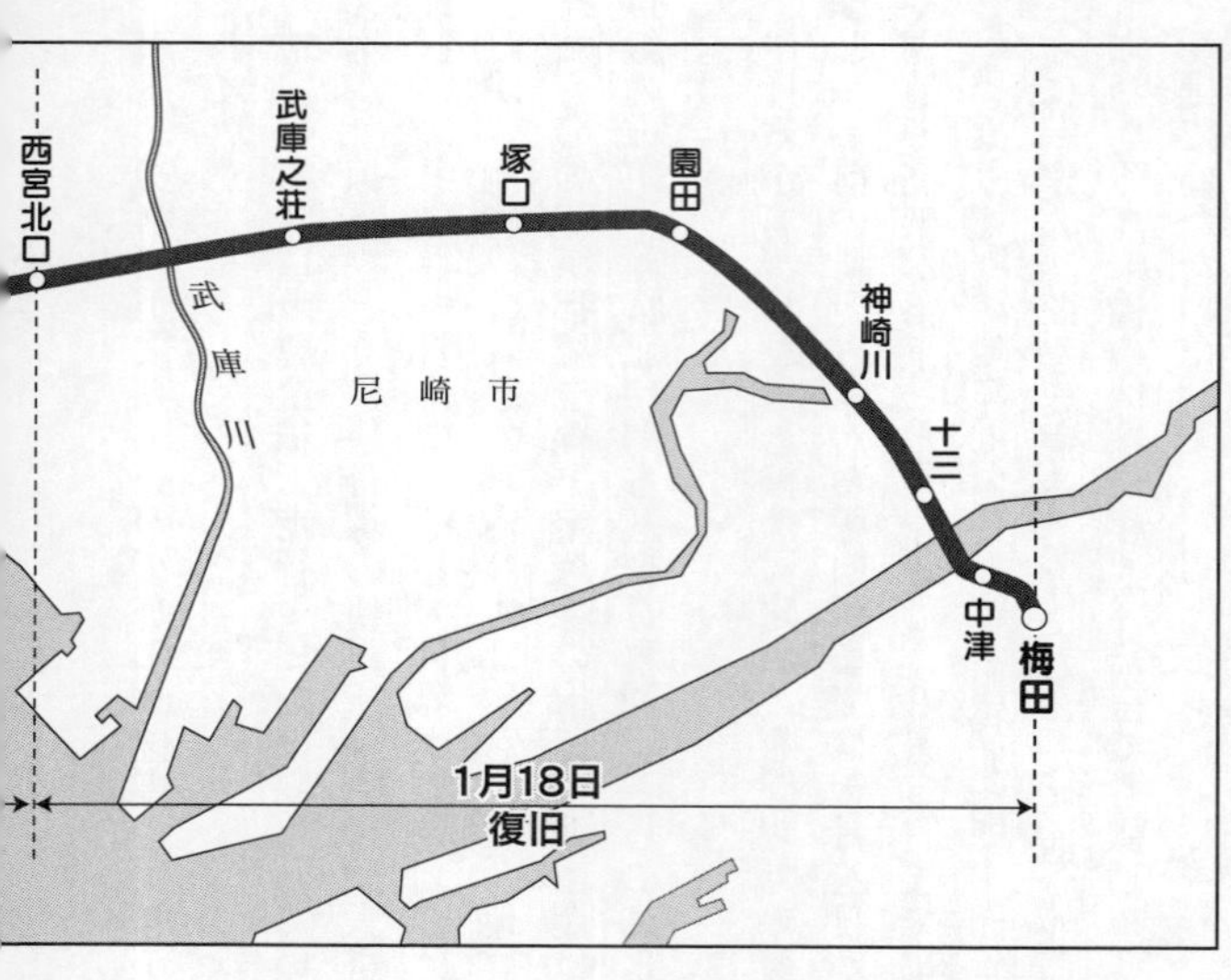

この区間で最初に復旧したのは、比較的被害が少なかった御影（みかげ）―王子公園（おうじこうえん）間で、2月13日から運転を再開。前後の区間が不通のままでの再開となったのは、とにかく少しでも早く、少しでも長く、運転区間を延（の）ばすことが至上命題だったためだ。

この区間には車庫がなかったため、使用する車両5編成は京都線正雀（しょうじゃく）駅近くの正雀車庫からトレーラーによって陸送で搬入された。短い距離ではあったが、この区間の再開と阪神電鉄・JRの一部区間復旧により、連絡バスでの乗り継ぎは必

◀神戸線復旧までの歩み▶

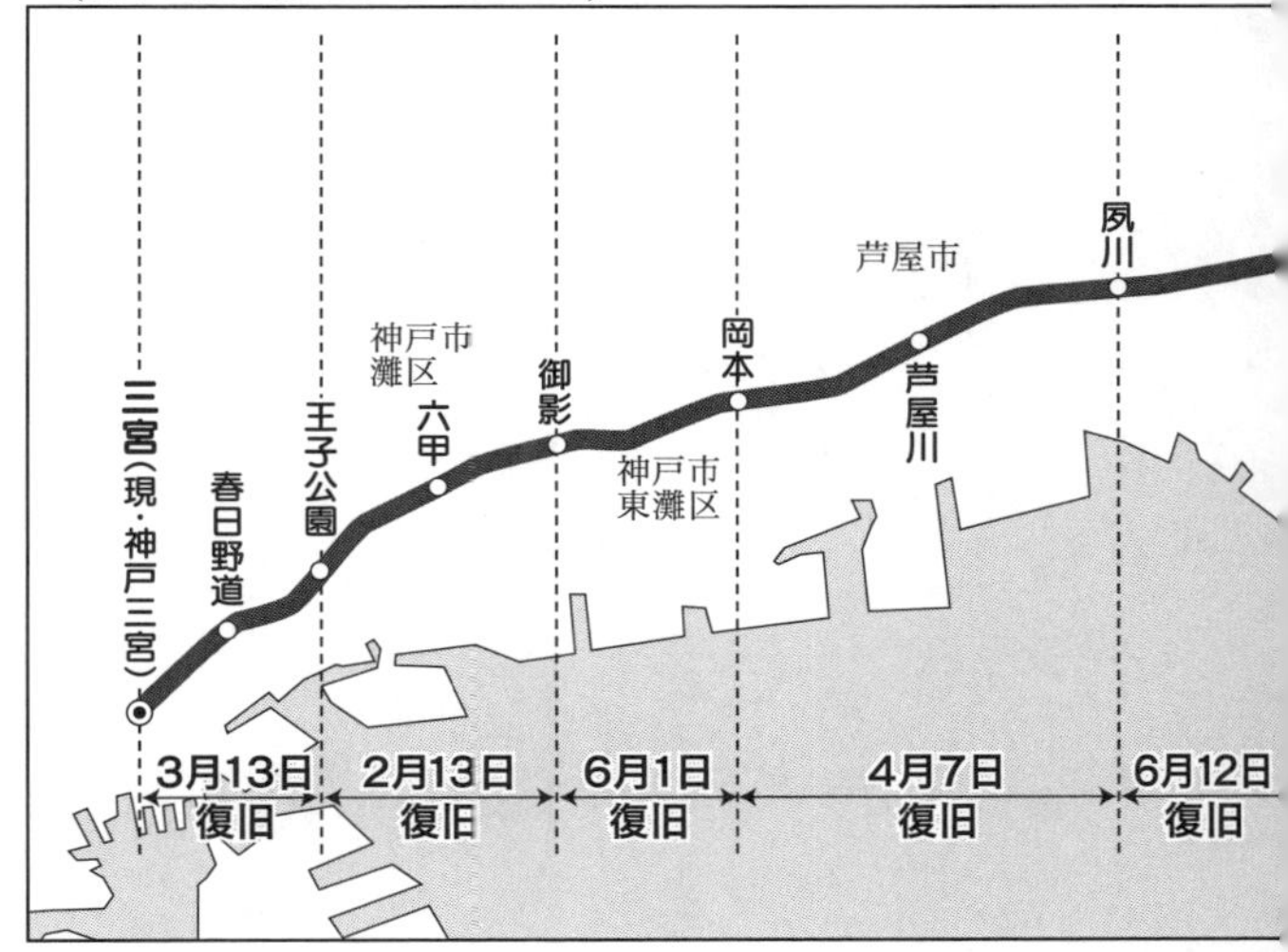

要であったものの、阪神間を鉄道で行き来できるようになったのである。

次いで再開したのは、王子公園—三宮間で3月13日のこと。震災前は三宮のシンボルだった駅ビル（神戸阪急ビル）は大きく損壊していたため2月中に解体され、すっかり様相は変わってしまったが、三宮へ阪急が帰ってきた意義はきわめて大きかった。

その後、夙川—岡本間が4月7日、岡本—御影間が6月1日に復旧し、残る西宮北口—夙川間も新たな高架橋の建設という大工事を急ピッチで終え、ついに6月12日、神戸線全線での運転が再開された。当初は8月までかかると見込まれていた復旧は、沿線住民の理解を得て、昼夜を問わず進められた工事によって、予定より2か月も早く達成されたのだ。

そして、最後まで残っていた伊丹駅舎の再建が1998年(平成10)11月に完了。翌1999年(平成11)3月には、伊丹線全線が複線での運転を再開し、これをもって4年間にわたる全線での震災被害からの復旧が完了したのである。

発車メロディにもアイデアがいっぱい!◎阪急のここがスゴい!⑧

いまでは全国各地の鉄道に普及した発車メロディ。携帯電話の着信音と同様、日常生活にもっとも密着した音楽のひとつといえる。阪急でも梅田駅と宝塚駅で工夫を凝(こ)らした発車メロディが採用されている。

なんといっても特徴的なのは梅田駅の発車メロディだ。1996年(平成8)2月、当時阪急が推進していた「ジェントルサウンドサービス」の一環(いっかん)として登場。京都・宝塚・神戸の3線で異なるオリジナルのメロディが使用されている。

作曲者の鎌田浩宮(かまだひろのみや)氏によるウェブサイト上の記述によると、京都線は「竹」、宝塚線は「高級感」、神戸線は「海」のイメージで、と阪急から要望があったという。

メロディはまさにこれらのイメージが感じられるサウンドだ。京都線は古都の雰囲気を感じさせるシンセサイザーのメロディ、宝塚線はきらびやかでノスタルジックな雰囲気、そして神戸線は発車メロディとしては珍しいギターの音と、弦楽器のピチカートを効果的に重ねたアレンジ。警告音的なサウンドになりがちな駅の発車メロディにあって、いずれも音楽的にクオリティの高い優れた楽曲といえるだろう。

全曲とも、最後の音がそのまま延びてブザーの役割を果たしており、このアレンジも巧みだ。ちなみに、終電の場合は最後の音が通常よりも長く延ばされるが、これは沿線外の人にはなかなか聴けない音だろう。

いっぽう、宝塚駅では2014年（平成26）3月21日から、宝塚歌劇100周年を記念して「ご当地メコディ」の使用が始まった。

宝塚線は、宝塚歌劇団の代表曲として知られる『すみれの花咲く頃』、今津線は5歳から24歳までのあいだを宝塚で過ごした漫画家の手塚治虫にちなみ『鉄腕アトム』のメロディを採用。いずれも長さは12秒だ。

また、発車メロディとは異なるものの、特徴ある音楽の使い方として、梅田駅で終電の前に流れる映画『第三の男』のテーマ曲がある。ビールのコマーシャルでもおなじみの曲だが、終電が近づくとホームにこの曲が響きわたるのだ。各方面への終電が発車する5分前から流れるため、1日の終わりに何度も長時間にわたって聴くことができる。

この曲、JR東日本の恵比寿(えびす)駅の発車メロディとしても使われているが、こちらは終日使用されている。夜の恵比寿駅で『第三の男』が流れても、「終電だ!」と焦(あせ)る必要はないのでご安心を。

一見の価値あり!阪急の近代化産業遺産 ◎阪急のここがスゴい!⑨

現代の日本の経済や文化、ライフスタイルを形づくった重要な功績がありながらも、近年まであまり顧(かえり)みられることのなかった幕末・明治期以降の産業遺産。これらにスポットを当て、地域活性化に向けて有効活用しようという取り組みが、経済産業省による「近代化産業遺産」だ。

2007年(平成19)に「近代化産業遺産群33」、次いで2009年(平成21)に「近代化産業遺産群 続33」が公表されているが、「続33」のなかには阪急に関連する遺産も含まれており、その功績と意義についても触(ふ)れられている。

阪急について言及されているのは、「鉄道を軸とする多角経営により創造された『私鉄沿線生活文化圏』の発展の歩みを物語る近代化産業遺産群」。輸送機関としての鉄道とは別に、鉄道を軸として沿線文化を築いた先駆者として取り上げられているのだ。

そして、「阪急電鉄㈱による沿線開発関連遺産」と社名を挙げて取り上げられているのは、阪急の前身、箕面有馬電気軌道が初めて開発・分譲した池田室町住宅の販売区画計画図、当時の広報誌『山容水態』、1万点以上に及ぶ宝塚歌劇の公演ポスターやパンフレット、阪急百貨店の食堂資料など、阪急文化財団が運営する「池田文庫」の所蔵物や、宝塚音楽学校の旧校舎である宝塚文化創造館、さらには小林一三が阪急沿線に誘致した関西学院、沿線への移転にともない通学用の「貸切車」を運行した神戸女学院の建築物群まで多岐にわたる。

ここで阪急、そしてその創始者である小林一三が評価されているのは、「消費者志向のビジネス」を企業経営の根本理念として掲げた点だ。

阪急による郊外住宅地開発は、日本初の取り組みではなかったものの、鉄道の乗客増加だけでなく、不動産収入によって電鉄事業を支えるという意味合いを含めて開発を手がけたという点で一線を画しており、のちの電鉄資本による沿線郊外住宅地開発のモデルを形づくった点を評価している。

さらに、宝塚歌劇や、その後東京へと進出した宝塚が「東宝」として映画産業にも進出した点を挙げ、小林が「文化は儲からないという通念から抜け出て、文化を取り込んだ事業戦略や独自の企業文化を社会に訴求しつつ事業戦略を組み立てていくというスタイルを示していった」点にも触れている。

日本の「電鉄」は、鉄道という輸送機関としての枠を超え、不動産開発や流通、文化事業までを幅広く手がける総合生活産業としての側面が大きな特徴だが、このようなビジネスモデルを築いた阪急、そして小林一三の功績が「近代化産業遺産」というかたちで評価されたのは、意義の深いことだろう。

「ポテト」に「かき氷」…駅そばが斬新！◎阪急のここがスゴい！⑩

「駅ナカ」の普及でいまや当たり前となった駅構内の飲食店だが、やはり昔から根強い人気を誇るのは、なんといっても「そば」や「うどん」だ。

現在では、私鉄各社がそれぞれのブランドでそば店を展開しているが、関西の私鉄でもっとも早く駅構内に立ち食いそば店を開店したのは阪急だった。

阪急のそば店「阪急そば」初の店舗が十三駅に開店したのは、1967年（昭和42）のこと。以来、沿線利用者の支持を集めながら、現在は「阪急そば」が20店舗、ややグレードアップしたメニューを提供する「阪急そば若菜」が3店舗営業している。運営は阪急阪神グループの阪急阪神レストランズが行なっている。

日本全国に数ある駅そば店のなかでも、阪急そばは近年、その斬新（ざんしん）すぎるメニュー展開でインターネット上を中心に全国的な注目を集めている。

最初に登場したのは、阪急そば若菜十三店で２０１５年（平成27）２月から発売された「ポテそば・うどん」だ。

そば・うどんの上になんとフライドポテトを載（の）せて味わうというもので、「まるで洋風『アメリカンそば・うどん』」のうたい文句と「出汁（だし）を含んだカリカリサクサクのポテトの食感と、ポテトの塩味と油の旨味（うまみ）で新たな味わいの出汁がお楽しみいただけます」と、

駅そばファンの度肝を抜いた「ポテそば」（写真：小倉商事）

これまで誰もが思いつかなかった新たな味を提案した。店舗では、ポテトとうどん・そばは別々に盛られて提供されるため、それぞれ単独で食べることもできる。

「ポテそば・うどん」は1か月で３０００食以上を販売する人気メニューになり、翌月には十三東口、桂（かつら）、上新庄（かみしんじょう）の3店舗でカレーそば・うどんにポテトを添（そ）えた「ポテカレーそば・うどん」も登場した。その後は、ざるそば・うどんにポテトを添えたメニュー、そして「またまたやっちゃいます」とのメッセージとともに、ポテトにチーズを載せた「チーズポテうどん・そば」が翌年春に登場。２０１５年7月には、阪急阪神レストランズが展開するベーカリーカフェ「ＦＲＥＤＳ ＣＡＦＥ」で、うどんとポテトをパンに載せたコラボ商品「ポテうどんパン」まで販売された。

そして、２０１６年（平成28）7月には、若菜十三店、若菜西宮北口店でさらにびっくりメニューが登場する。なんと、かき氷を載せた「かき氷そば・うどん」だ。夏の暑い盛りには冷たいものが食べたくなるとはいえ、誰が思いついたのだろうかという驚きのメニューにふたたびネット上は沸（わ）き、ＳＮＳなどでは試食レポートや写真の投稿が数多く見られた。

斬新すぎる展開で世間の話題をさらう「阪急そば」、今度はどんな驚きを見せてくれるだろう。

◀知るほどに乗るのが愉しくなる!▶

路線の謎学

たとえば…
路線内には意外と
アレが少ない!

◉「京都線は梅田駅まで通じてない」って、どういうこと?!◉

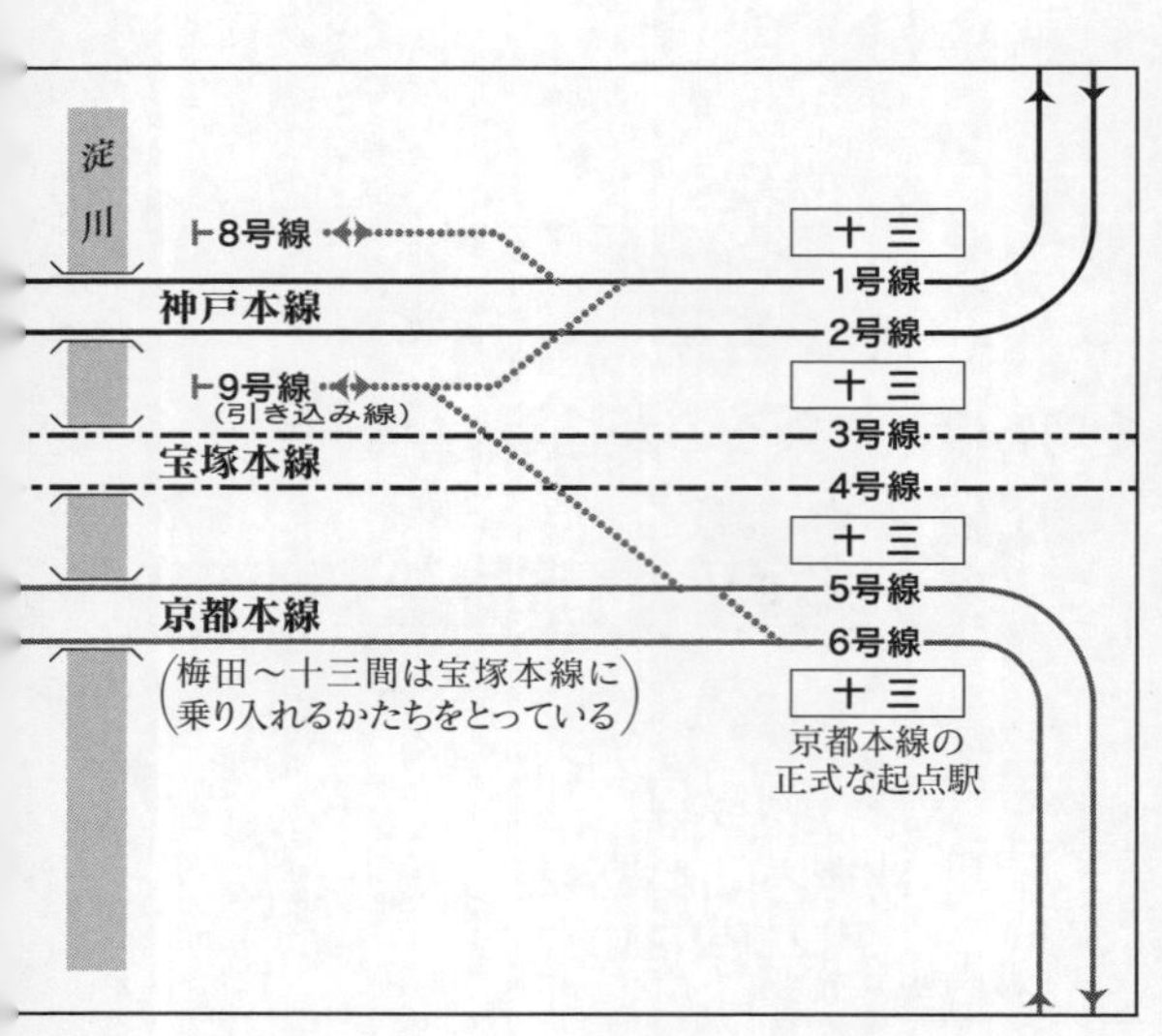

梅田―十三間は、複線が3つ並んだ「3複線」の区間。私鉄では唯一の存在であり、日中にくり広げられる京都・河原町方面、宝塚方面、神戸三宮方面行きの特急・急行の同時発車は、鉄道ファンならずとも見入ってしまう人が多いことだろう。

では、その3組の複線の内訳は？　と問われると、おそらく大半の人が「京都線×1＋宝塚線×1＋神戸線×1」と答えるはず。現に河原町行きと宝塚行きと神戸三宮行きが出発してい

《梅田－十三間配線図》

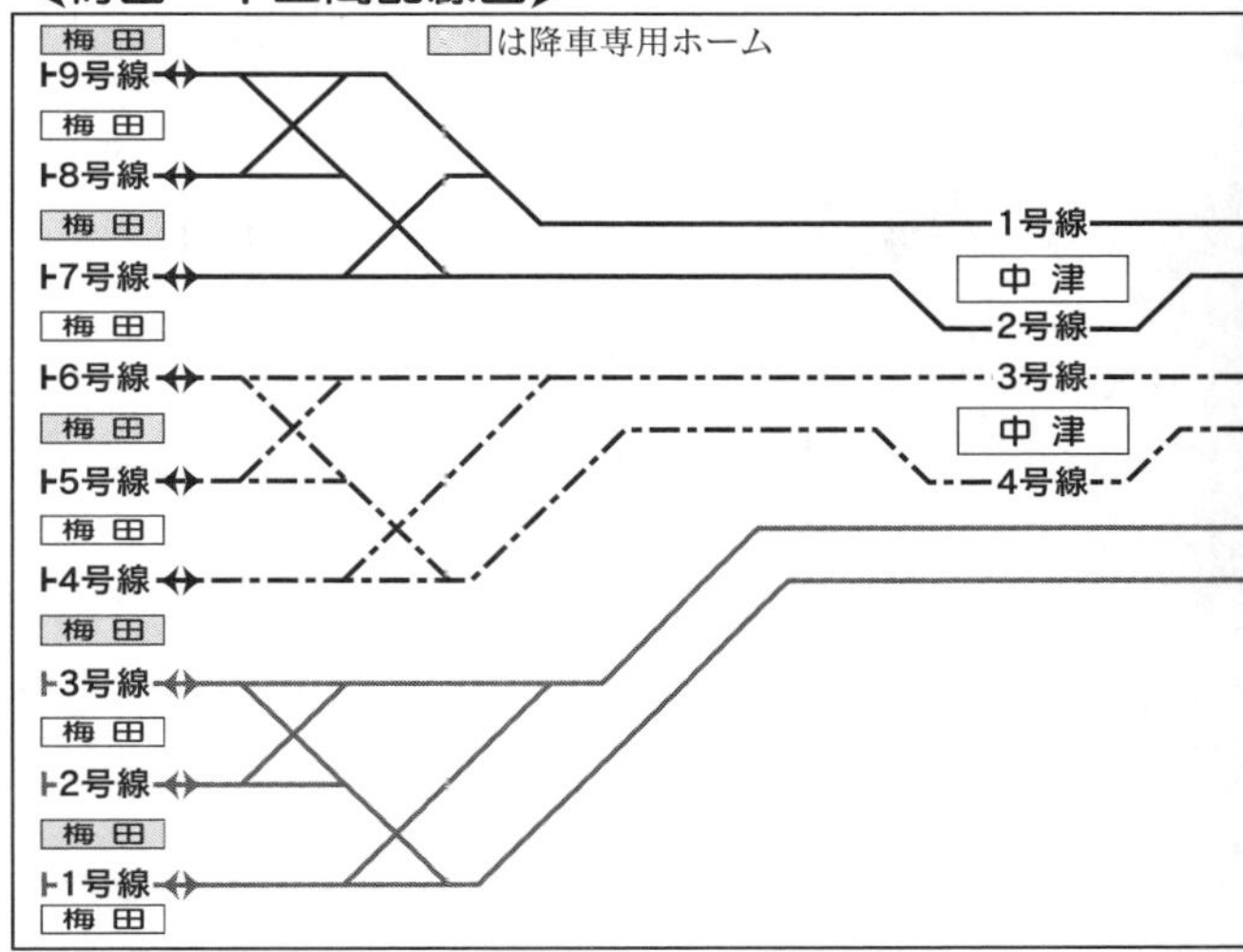

るのだから、そう考えるのが自然な流れだ。

だが、正解はさにあらず。じっさいには「宝塚線×2＋神戸線×1」である。京都線の起点は、梅田ではなく十三なのだ。

この区間の3複線化が完成したのは、1959年（昭和34）のこと。それまでは「宝塚線×1組＋神戸線×1組」の複々線で列車をさばいており、京都線の列車は宝塚線の複線に乗り入れていた。

しかし、両線の列車が同じ複線を走ることから、ラッシュ時にはかなりの過密ダイヤだったうえに、電圧が直流６００ボルトの宝塚線に、本来は１５００ボルトである京都線の車両が乗り入れたことからノロノロ運転を強いられるなど、混雑が増すなかで厳しい状況であることは明白だった。

京都線用に複線を増設することは急務だったが、十三を起点とする京都線を梅田まで延長するとなると、起点を梅田に移す必要が生じる。それには認可の手続きが面倒だし、時間もかかる。そこで考えられたのが「宝塚線の複々線化」という策だったのだ。増設された複線は、１９４９年（昭和24）に廃止されるまで梅田駅から淀川手前の北野駅までを結んでいた路面電車である北野線の用地を転用。このさい、スペースの関係で中津駅には京都線用のホームが設けられなかった。

この新しい複線は京都線列車のほか、わずかな期間だったが宝塚線の急行も乗り入れていたことがあり、中津を通過する急行線の役割を果たしていたともいえる。当時の梅田駅の配線図を見ると、たしかに新しい複線から宝塚線発着ホームへと入る渡り線がある。この線路はのちに京都線の専用線になるが、その結果として、中津は普通列車も「通過扱い」となり、現在にいたっている。京都線が中津を通過するのはこのためだ。

現在の梅田駅は、１・２・３号線が京都線、４・５・６号線が宝塚線、７・８・

9号線が神戸線となっているが、1973年（昭和48）11月に移転高架化が完成する前の梅田駅は、宝塚線と神戸線の発着線は3線ずつあったにもかかわらず、京都線は2線しかなく、1線が急行、もう1線を特急と北千里（きたせんり）発着の普通列車が共用し、河原町発着の普通列車は十三駅上りホームの反対側にあった7号線（現在は撤去）で折り返していた。つまり、河原町発着の普通列車は、かつて梅田駅には乗り入れていなかったのだ。

◉10分おきに展開される「3線同時発車」はド迫力！◉

神戸線・宝塚線・京都線の3路線の複線が並行して走る梅田―十三間。厳密にいえば、京都線の列車が走っているのは宝塚線の線路であることは、前項でも述べたとおりだ。行き止まり式ホームの駅としては日本最大級となるホーム10面、線路9本の壮大な梅田駅を出発した列車が抜きつ抜かれつ、十三までの2・4キロメートルを走っていく。

そして、この3複線の名物となっているのが、神戸、宝塚、京都線の3線同時発車だ。

この3線同時発車、かつてはダイヤのパターンが各線で異なっていたため、それほどひんぱんには見られなかった。しかし現在では、平日の10時台から22時台まで、3線すべての優等列車の発車時刻が「毎時00・10・20・30・40・50分」(2016年12月現在)となっており、この時間帯であれば、ダイヤ上は神戸線、京都線の特急(時間帯によっては快速急行・通勤特急)、宝塚線の急行が同時に発車する場面を見ることができる。

じっさいには「競走」しているわけではないが、いっせいに発車した3本の列車が梅田駅のホームを離れ、淀川を渡り、つかず離れずのレースを展開するのは楽しいもの。10分おきに見ることができる光景だけに、もし子どもが列車の並走(へいそう)シーンを見たがったな

梅田駅を出る3本の列車。左から「京都線」「宝塚線」「神戸線」

ら、梅田駅を発車する各線の特急や急行に乗せてあげるのがいいかもしれない。
ちなみに、３線の始発列車は５時ちょうど、最終列車は０時25分で、これも同時発車だ。

◉用地は買収ずみ、新大阪駅への延伸は実現する？◉

ちょっと面倒だな……と感じてしまうのが、阪急各線と東海道・山陽新幹線との乗り継ぎ。地図で見ると新大阪駅付近で京都線・千里線・宝塚線・神戸線が新幹線と交差しているにもかかわらず、阪急でダイレクトに新大阪駅にはアクセスできない。京都線の南方駅から近接の大阪市営地下鉄御堂筋線西中島南方駅で乗り換えるか、あるいは梅田に出てJR利用といったルートになってしまう。

線路自体は近くを通っているのだから、新大阪に乗り入れてくれれば……と思う人も多いだろうが、じっさいにそのような計画が存在した。京都線の淡路駅から新大阪駅を経て、神崎川駅と十三駅に至る「新大阪連絡線」だ。

阪急がこの路線の免許を取得したのは１９６１年（昭和36）。東海道新幹線の開業を３年後に控え、新幹線駅へのアクセスと京都線の混雑緩和を狙った計画だった。
連絡線は淡路で西側に分岐し、東海道新幹線の高架をくぐって新幹線新大阪駅の北

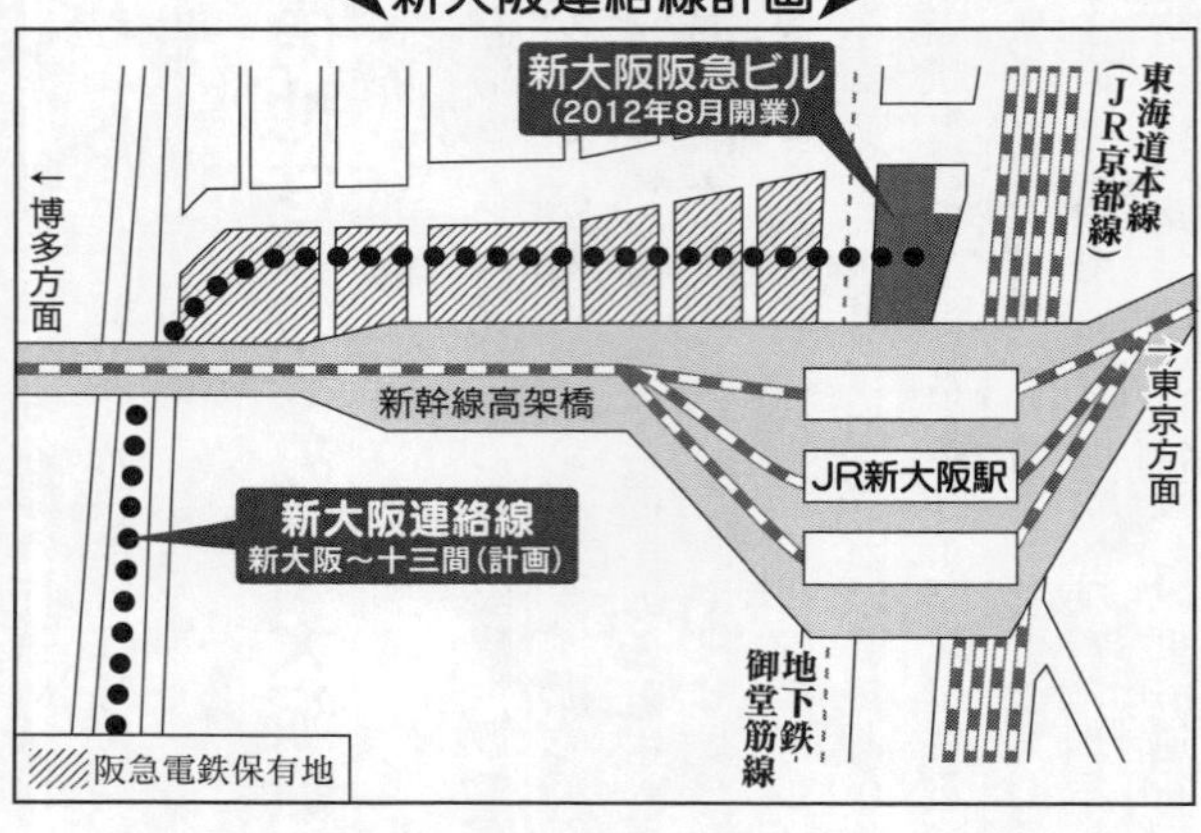

側に駅を設置。その先はしばらく新幹線の高架と並行し、宝塚線と交差する手前あたりで神崎川方面・十三方面へと分岐するというルート。開業のあかつきには、梅田と京都方面を結ぶ列車は従来の京都線ではなく、新大阪経由で運転する予定だったという。

じっさいに用地買収も行なわれたほか、地下鉄御堂筋線の新大阪駅ホームの屋根上には、新大阪連絡線用の高架の路盤がいまも存在している。新幹線の高架橋も、連絡線との立体交差が予定されていた部分では、線路を通すことができる構造となっている。

だが、用地取得の問題などで計画は難航。そのあいだに梅田駅の改良工事などが進み、混雑緩和に一定の効果が得られたことなどもあって、結局プロジェクトは頓挫。阪急は淡路―新大阪間、新大阪―神崎川間の免許廃止を申請し、2003年（平成15）にこの区間の計画は正式に中止となった。

残る十三―新大阪間については、阪急が現在も路線免許を維持している。この区間については、大阪市営地下鉄四つ橋線を西梅田から十三まで延伸する構想とあわせたルートとしての検討が行なわれているが、いまのところ具体的な動きは出ていない。新大阪への延伸の夢が実現するのはなかなか難しそうだ。

ちなみに、2013年（平成25）3月に新設された新幹線新大阪駅の27番ホームは、阪急が新大阪連絡線のために確保していた土地を利用したもの。新幹線との連絡駅のためだった土地が、新幹線の駅そのものに使われたわけだ。

◉路線内には意外とアレが少ない！◉

神戸線・宝塚線・京都線の3路線を主軸とし、全国の大手私鉄16社のうち7番目となる総延長143・6キロメートル（神戸高速線含む）の路線網を京阪神一帯に延ばす阪急。梅田―十三間の「3複線」や、関西初の本格的な地下線であった京都線の西院―大宮間（28ページ参照）など、特徴ある区間も多い。

だが、バラエティに富んだ路線網を誇りつつ、意外にも大手私鉄のなかできわめて少ない「あるもの」がある。それは、トンネルだ。

現在、阪急の路線内に存在するトンネルは、神戸高速線を除くと、京都線の西院―河原町間（3722メートル）と千里線の天神橋筋六丁目駅手前にある市営地下鉄堺筋線へとつながる区間（56メートル）、そして同じく千里線の南千里―山田間にある千里トンネル（462メートル）の3か所だけ。このうち、地下線ではなく山や丘に掘られたのは千里トンネルのみだ。しかし、このトンネルも地下鉄のように「開削工法」でつくられており、実質的には地下鉄トンネルに近い。

さらに、トンネルといっても、西院―河原町間は行き止まりで通り抜けができず、天神橋筋六丁目付近の地下線も、つながる先は堺筋線だ。「阪急線内だけで完結した、通り抜けのできるトンネル」もまた、千里トンネルしかない。

これは、路線の建設時にトンネルを避けたルートを選んだためだが、なかには地下線化が検討された区間もある。線路が大きくカーブを描く、神戸線の御影付近だ。

同線開業前から邸宅街であったこの周辺では、大阪朝日新聞の社主であった村山龍平らが「線路の敷設は邸宅街の環境を損ねる」と反対運動を展開（156ページ参照）。このさいに「費用は出すから地下線にせよ」との要望も出ていたという。

結果的には、カーブを描くように線路を敷設することによって、これらの邸宅を避けるルートをとることになったが、このときの選択によっては、もしかすると神戸線の一部にトンネル区間ができていたかもしれない。

◉特急や急行が走るのに「通過線」が少ない不思議◉

日本の鉄道で初めて「急行」という言葉を社名に使い、とくに神戸線・京都線では速さをひとつの売り物にしてきた阪急。だが、高速運転を狙っていた鉄道としては意外にも少ないものがある。「通過線」だ。

通過線とは、特急や急行などの優等列車が普通列車を追い抜くための線路。たとえば東海道・山陽新幹線なら、米原駅や姫路駅などのように通過列車のある駅にはホームのない通過専用の線路があるのがふつうだが、阪急でこのような線路がある駅は、神戸線の六甲駅と京都線の富田駅の2か所しかない。

六甲駅は相対式ホーム（片側が線路に接しているタイプのホーム）2面で、中央に上下の通過線が通っている新幹線の駅のような配線。ホームは下り（神戸三宮方面）が1号線、上り（梅田方面）が4号線だが、これは通過線が2号線・3号線となっているためだ。もともとは両側をホームに挟まれた島式ホーム2面の駅だったが、1968年（昭和43）に始まった山陽電鉄との相互直通運転に合わせ、現在の構造に改造された。

かつては日中の普通列車が同駅で特急の通過待ちを行なっていたが、1995年（平成7）6月に阪神・淡路大震災の被害から復旧し、全線で運転を再開したさいのダイヤ改正からは、普通列車の特急待避は西宮北口駅でのみ行なうのが基本となっている。

京都線の富田駅には、上り（河原町方面）のみ通過線が設けられている。これは1982年（昭和57）から行なわれた隣の高槻市駅の高架化工事のさい、同駅の上り待避線が使えなくなることから設置された。高槻市駅の高架化は1993年（平成5）に完成したが、その後も富田駅の通過線はそのまま存続している。

阪急は、特急や急行などと普通列車が接続できる待避線のある駅も比較的少なめだ。これらの駅が多ければダイヤはより柔軟（じゅうなん）に組めることになるが、いまから設置するのはなかなか難しいだろう。

◉塚口駅に阪急〝最急〟のカーブができた理由◉

カーブが多い阪急の路線というと、まず思い浮かぶのは宝塚線だ。1910年（明治43）開業ともっとも歴史が古く、「軌道」として開業したこともあって、最初から高速運転を目指して建設された神戸線や京都線よりもじっさいにカーブが多く、さらに戦後すぐの時期までは車両も他線より小柄（こがら）だった。

かつて、とくに知られていたのは三国（みくに）駅の宝塚寄りにあった半径100メートルのカーブだ。この区間では速度が時速30キロに制限され、ダイヤ編成上の大きな制約となっており、1989年（平成元）からルートの一部変更をともなう駅付近の高架化が実施され、下り線が1998年（平成10）7月、上り線が2000年（平成12）3月に新線へ切り替えられ、長年ダイヤ編成上のネックだった急カーブは姿を

消した。

このカーブがなくなったあとも、やはり阪急一の急カーブは宝塚線にあるのでは……と思いたくなるが、現在、阪急の本線上でもっとも急なカーブがあるのは伊丹線。神戸線と接続する塚口駅のホームのすぐ先に、半径60メートルという全国的に見てもきわめて急なカーブがあるのだ。

どのくらい急かというと、山間部をくねくねと走る南海電鉄高野線の最小カーブが半径約100メートル。これよりも塚口駅のほうが急なのだ。ラッシュ時に今津線経由の宝塚発梅田行き準急が走る、西宮北口駅の今津線（北線）と神戸線を結ぶ連絡線（181ページ参照）も相当な急カーブのようだが、こちらは半径約90メートルである。

塚口駅に出入りする伊丹線の列車は「キーン」と車輪をきしませながら走る。まるで路面電車のようなカーブを4両編成の列車がゆっくりと走ってくる様子は圧巻(あっかん)だ。この区間の制限速度は時速15キロとなっている。

伊丹線は塚口—伊丹間3・1キロメートルの路線で、神戸線と同じ1920年(大正9)7月16日に開業。もともと神戸線は伊丹を経由するルートを計画していたが、阪神間を高速で結ぶことを目的に伊丹を通らない直線主体のルートに変更したため、その代わりとして建設された。当初は全線が単線で、1943年(昭和18)に複線化されたものの、塚口駅の構内は単線だ。

●「京都線は京阪電鉄がつくった」って本当？●

京都—大阪間を結ぶ路線として、JR東海道本線や京阪電鉄と競争をくり広げてきた阪急京都線。とくに京阪電鉄とは京都でのターミナル駅の位置も近く、昔からのライバル路線だと思う人が多いことだろう。
しかし、京都線が阪急の路線となったのは第二次大戦後のこと。もともとは、京阪電鉄が自社の路線では困難であった高速運転を行なうために建設した路線だったのだ。

京都線の前身は、京阪電鉄が立ち上げた鉄道会社「新京阪鉄道」。京阪は1910年（明治43）4月に大阪・天満橋と京都・五条間の路線を開業したが、路面電車のための法規である「軌道法」によって建設されたこともあり、路面を走る区間やカーブが多く、本格的な高速運転は難しかった。

大正時代に入ると、淀川を挟んで京阪と向き合う淀川右岸に、京都と大阪を結ぶ新たな鉄道の計画がいくつも持ち上がった。京阪よりも高速運転を行なうライバル路線が登場すれば、阪神と阪急神戸線のような熾烈な競争がくり広げられるのは確実だった。

そこで京阪は防衛策として、自社で淀川右岸に高規格の新路線を計画。子会社として新京阪鉄道を設立し、同社が建設にあたることになったのだ。

いっぽう、現在の京都線のうち、最初に開業したのは十三―淡路―豊津間で、1921年（大正10）4月1日のこと。この区間は北大阪電気鉄道という別の鉄道会社が建設・運営していたが、京阪は同社の株式を取得したうえで経営権を掌握し、1923年（大正12）にこの区間を新京阪鉄道へと譲渡させ、その路線の一部とした。その後、北大阪電気鉄道は京阪に完全に吸収される。

京阪がなぜ、このような「乗っ取り」を行なったかといえば、北大阪電気鉄道が淡路―天神橋（現在の天神橋筋六丁目）間の路線免許を保有していたためだ。京阪は当初、新京阪鉄道の大阪側のターミナルを梅田に置き、さらに既存の京阪線も梅田に乗り入れるという構想を持っていたが、計画のめどが立たなくなっていた。

そこで白羽の矢が立ったのが「天六」だった。ここを暫定的なターミナルとするため、同区間の路線免許を持っていた北大阪電鉄に目を付けたのである。新京阪鉄道は北大阪電鉄から譲り受けた路線免許を活かして天神橋から路線を延ばし、1928年（昭和3）11月1日には京都西院駅（現在の西院駅）まで達した。

当時としては画期的な、ビルの2階にホームを設けた天神橋駅や、途中で並走する国鉄の特急列車を追い抜くほどの高速性能を誇る最新鋭電車など、当時としては破格の高規格路線として華々しく開業した新京阪鉄道だったが、沿線人口が少なかったこと、そして1929年（昭和4）10月に始まった大恐慌による不況の影響から、経営はけっして楽ではなかった。

さらに、親会社の京阪も経営難に陥ったことから、グループの経営合理化を図るため、1930年（昭和5）9月15日に新京阪鉄道は京阪電鉄と合併。新たに「京阪電鉄新京阪線」を名乗ることになった。

開業時の経緯から、会社は変わっても一貫して京阪グループに属していた新京阪線だったが、その運命を大きく変えたのは戦時中の統合だった。１９４３年（昭和18）10月1日、京阪電気鉄道は阪神急行電鉄（阪急）と合併し、京阪神急行電鉄が発足（147ページ参照）。そして戦後、１９４９年（昭和24）12月1日には京阪電鉄が分離・独立した。

このさいに、新京阪線については大阪方のターミナルが十三であったことなどから、阪急側の路線である「京都本線」として残留し、京阪から切り離されることとなった。京阪が他社との競争から自社線を守るために建設した新京阪線は、こうして、阪急という他社の手に渡ることになったのだ。

現在は淀川の流れを挟んで対峙し、競争を続けている2つの私鉄の路線は、もともとは京阪電気鉄道1社が、どちらもみずからの手で建設したものだった。まさに奇異な歴史のめぐりあわせといえるだろう。

◉かつて日本トップクラスの高速鉄道だった京都線◉

現在の京都線の前身は、前項で述べたとおり京阪電鉄の手によって設立された新京阪鉄道だ。

開通後の新京阪鉄道は「高速運転を行なう」という所期の目的をまっとうするべく、当時としては画期的な高速運転を実施した。1930年（昭和5）4月21日から、天神橋―西院間をノンストップかつ34分で走破する「超特急」の運転を開始。表定速度（全区間の平均速度）は時速75・3キロメートルに達した。停車駅が異なるため単純な比較は難しいが、現在の京都線の特急よりも、表定速度は時速10キロほど速いというから驚きだ。

この高速運転の立役者となったのが高性能電車「P－6形」だ。京阪電鉄に合併されたあとには「デイ100」と呼ばれたこの車両は73両が製造され、当時の国内の電車では最大出力だった150キロワットのモーターを搭載。最高時速120キロメートルでの運転が可能な性能を誇った。

新京阪線は、京都府と大阪府の境となる大山崎の付近で国鉄東海道本線と併走したが、ここを走る国鉄の特急列車「燕」を、後方からやって来た新京阪線の超特急が抜き去るというエピソードもあり、日本を代表する特急列車を凌駕するスピードの鉄道というイメージを世に知らしめた。

このように高速運転に力を入れた新京阪線だが、その背景には京阪電鉄では難しかった高速化を行なうというだけでなく、別の理由もあった。当時、まだ沿線には人口が少なく、途中駅に列車をひんぱんに停車させたとしても利用者の増加が見込めないため、都市間の高速輸送に注力するしかないという部分があったのだ。

いまも鉄道ファンのあいだで語り継がれる新京阪線の快速ぶりだが、当時「日本一」速い電車だったわけではなく、順位でいえば3位だった。第二次大戦前の日本でもっとも速かったのは、阪和電鉄（現・JR阪和線）の天王寺―和歌山間を結ぶ「超特急」で、表定速度は時速81・6キロメートル。そして2位は、阪急神戸線の特急だった。

梅田―三宮間を25分で結んだ同線の特急は表定速度時速78キロに達し、現

高速運転の立役者となった「P–6形」電車

在にいたるまで阪急の歴代列車のなかで最高記録となっている。

これらの電車は、現在とくらべてもまったく引けをとらない速さだ。一例をあげると、関東地方で最高時速130キロでの運転を行なっている「つくばエクスプレス」の快速列車の表定速度は時速約77キロだ。戦前から関西の電車がいかに速かったかがわかる。

◉京都線が名古屋まで延びていたかもしれないって?!◉

現在、大阪―名古屋間を乗り換えなしで直結している鉄道は、東海道新幹線と近鉄特急だ。JR東海道本線も直結はしているものの、途中駅での乗り換えが必要になる。

だが、もし歴史の流れが異なれば、阪急梅田から京都線経由で名古屋に直通する路線が誕生していたかもしれない。京都線を建設した新京阪鉄道が、名古屋方面への路線延伸を計画していたからだ。

新京阪鉄道が計画した名古屋方面への路線の名は「名古屋急行電鉄」。滋賀県の大津市を起点とし、途中、草津を経由して現在の近鉄名古屋付近に至る、全長およそ100キロメートルの路線だ。起点が大津なのは、現在の京都線の西向日駅から分岐して大津へと至る路線の計画があったためだ。

ルートもおおよそ決定しており、全線に15駅を設置。途中、石山駅前、南八日市、新三里、大泉原、野代、新佐屋、八田駅前の各駅で他社線と接続するというプランで、1928年（昭和3）6月12日に建設を出願した。

路線の規格は軌間（線路の幅）1435ミリメートル、電化方式は直流1500ボルトと新京阪線と同じで、6両編成の電車を平均時速81キロで運転する予定だった。平均時速80キロ超えでの運転は、戦前の国内では「日本一速い電車」と呼ばれた阪和電鉄や、日本が運営していた南満州鉄道の特急列車「あじあ」号程度しかなく、この計画にかけられた期待の大きさがうかがえる。

当然ながら、高速運転を実施するための高出力の車両を導入することも計画されており、新京阪鉄道の高性能電車「P-6形」にも、将来の名古屋急行電鉄への乗り入れを可能とする設計が採用されていた。

予定どおり名古屋急行電鉄が開業し、この高速運転が実現すれば、新京阪線の天神橋（大阪）—名古屋（熱田）間はおよそ2時間で結ばれる見込みだった。当時は現在の近鉄大阪線・名古屋線は全通しておらず、大阪—名古屋間を結ぶ鉄道は東海道本線のみ。つまり、名阪間に高速電車の一大幹線が形成されるはずだったのだ。

しかし、残念ながらこの計画は挫折する。すでに触れたとおり、昭和初期の大不況が、新京阪鉄道はもちろんのこと、親会社であった京阪電鉄の経営にも大きな打撃を与えたからだ。

多額の負債を抱えることとなった京阪グループには、もはや名古屋急行電鉄を立ち上げ、新たな路線を建設する余力はなかった。建設免許は１９２９年（昭和４）６月29日に交付されていたものの、じっさいに建設工事が開始されることはなく、その免許も１９３５年（昭和10）７月８日に失効してしまった。こうして、大阪と名古屋を結ぶ高速電車の計画は夢と消えたのである。

もしも、名古屋急行電鉄が開業していたら、名阪間の交通は、現在とはまったく異なる様相を見せていたに違いない。

◉京都—神戸間の直通列車が復活を遂げるまで◉

梅田をメインターミナルとし、神戸、宝塚、京都の３方面へと路線を延ばす阪急。行楽シーズンには神戸・宝塚方面と京都線を直通する列車の運転が行なわれているが、各線どうしを直通する列車の運転は、意外にも最近まで途絶えていた。

神戸線と京都線の直通列車が初めて運転されたのは１９４９年（昭和24）12月。

戦時中に統合されていた京阪電鉄が分離・独立し、戦前は京阪の路線であった京都線を手に入れ、新生「京阪神急行電鉄」として一歩を歩み始めた直後のことだった。直通列車の運転は、3路線となった阪急の一体経営方針をPRするとともに、外国人観光客からの要望があったことも理由だったという。

神戸線・宝塚線と京都線は、現在でも車両の規格が異なっているが（100ページ参照）、当時は架線の電圧も異なっていた。このため、直通列車の車両は京都線よりも小柄な神戸線用で、異なる電圧にも対応できる「複電圧車」を使用。途中の停車駅は西院・高槻市・十三・西宮北口で、全区間を70分で走破した。

翌年には、京都と宝塚を直通する特急列車も登場。こちらは日曜・祝日の運転で、宝塚線経由ではなく、京都線から神戸線に乗り入れ、西宮北口から今津線に入って宝塚へ向かうという3線直通の列車だった。

途中の停車駅は西院・高槻市・十三・西宮北口・宝塚南口で、阪神競馬の開催時には仁川（にがわ）にも停車。所要時間は72〜73分だった。1950年（昭和25）12月のダイヤ改正では、京都—神戸間、京都—宝塚間ともに60分台へとスピードアップも行なわれている。

だが、これらの列車は本数の少なさなどもあり、それほど多くの利用者を獲得できなかった。翌1951年(昭和26)10月、電力事情の悪化にともなう列車の削減などを理由として、京都―神戸間の特急列車が運転を休止。京都―宝塚間の列車は日曜・祝日に1往復と本数が少ないこともあって、その後も運転を継続したものの、こちらは神戸高速鉄道の開業にともなう山陽電鉄との相互直通運転を控えた1968年(昭和43)2月をもって廃止された。

その後、1970年(昭和45)の大阪万博のさいに神戸線・宝塚線と千里線に設けられた臨時駅「万国博西口」とを結ぶ「EXPO直通列車」が運転されたあとは、直通列車の運転は見られなくなる。

そして、2008年(平成20)11月、30年以上の沈黙を破り、西宮北口―嵐山(あらしやま)間に臨時直通列車が登場する。

これは嵐山誘客キャンペーンの一環で、好評を受けて翌年春には神戸高速線の高速神戸―嵐山間に区間を拡大したほか、宝塚線の川西能勢口(かわにしのせぐち)と嵐山を結ぶ列車の運転も実施した。

同年秋には宝塚線ではなく、今津線経由で宝塚と嵐山を結ぶ列車が運転され、これが現在も続いている。2011年(平成23)には、高速神戸―嵐山間の直通特急が「あたご」、宝塚―嵐山間が「とげつ」と名付けられた。

いまでは行楽シーズンに人気を集めている直通列車だが、その「復活」までには意外にも長いブランクがあったのだ。

◉「阪急が阪神に殴り込み」って、いったい何があった？◉

今津線は、宝塚と今津を結ぶ約9・3キロメートルの路線。ただし、現在は途中の西宮北口駅を境にして線路が分断されており、実質的には2つの路線に分かれている。このうち、阪神電鉄本線との接続駅である今津と西宮北口を結ぶ2キロ足らずの路線は、通称「今津南線」と呼ばれる。

現在は阪急・阪神ともにそれぞれ別の高架駅となり、デッキで結ばれている今津駅だが、第二次大戦中から戦後にかけての一時期、両線の線路がつながっていたことがあった。戦時中に軍部からの命令によって、非常時に備えた措置として乗り入れを可能にするためだったが、じっさいにこの線路を利用した直通運転が行なわれることはなかった。

しかし、線路がつながっていたことで珍事が起きた。戦後も混乱期をやや脱してきた1949年（昭和24）12月13日のことだ。

この日の朝、今津駅へ向かっていた今津線の2両編成の電車が阪神国道駅を発車しようとしたところ、ブレーキがかかったまま緩まなくなった。

運転士と車掌が降りて点検していたところ、操作を誤ったために電車は高架線の下り勾配を暴走。今津駅の車止めを突破し、阪神の上り線に進入してもなお停まらず、次の久寿川駅でやっと停車したのだった。阪急は車体幅が2・6メートル、いっぽう阪神は2・45メートルと阪急の車両のほうが阪神より車体が大きかったため、ホームにぶつかって止まったのだ。

当時の新聞は、この出来事を「阪急が阪神に殴り込み」と報道。阪神の乗客らが「えらいこっちゃ阪急が走りよる、どうしたこっちゃろ」と驚いたとの記述もあり、ちょっとユーモラスな感じすらしてしまうが、飛び降りた乗客5人が負傷したほか、阪神側は急行の通過直後、さらに後続の普通列車が1分後にやってくるところだったため、もしタイミングがずれていれば大惨事になる可能性もあった。

この事故以降、両線をつなぐ連絡線は分断されたが、最近になって阪急の電車がふたたび阪神の線路を走ることがあった。今度は〝殴り込み〟ではなく正式なかたちでの走行だ。

阪急の5100系電車を能勢電鉄に譲渡するための改造を阪神の尼崎工場で行なうため、2014年（平成26）7月13日未明、西宮北口駅から神戸高速線新開地駅を経由して尼崎駅まで回送されたのだ。

同駅ではホームから見えるところに留め置かれたため、多くの乗客の注目を集めたほか、阪神に乗り入れる山陽電鉄や近鉄の電車との並びも見られた。阪神の線路上を阪急が走るのは〝殴り込み〟以来65年ぶりだったが、〝正式〟に走ったのはこのときが初めてとなった。

ところで、今津駅でつながっていた線路を利用することで、阪急の電車が阪神へ、あるいは阪神の電車が阪急へと乗り入れるSF短編小説がある。かんべむさし氏の『決戦・日本シリーズ』（1974年発表：早川書房）がそれで、プロ野球の日本シリーズで阪神タイガースと阪急ブレーブス（現・オリックス・バファローズ）が戦うことになり、勝ったほうが相手の路線へと貸し切り列車を乗り入れさせ、好き放題にふるまうというもの。

ストーリーは、それぞれのチームが勝った場合を想定したマルチエンディングが用意されていたが、いずれにしても乱痴気騒ぎがくり広げられる。

もっとも、タイガースとブレーブスが日本シリーズで対戦したことはなく、作品が発表された当時は、「電車が乗り入れ運転を行なう前に、この2チームが日本シリーズで対戦すること自体がSFだ」と揶揄する向きもあったようだ。

《地上駅時代の今津駅》

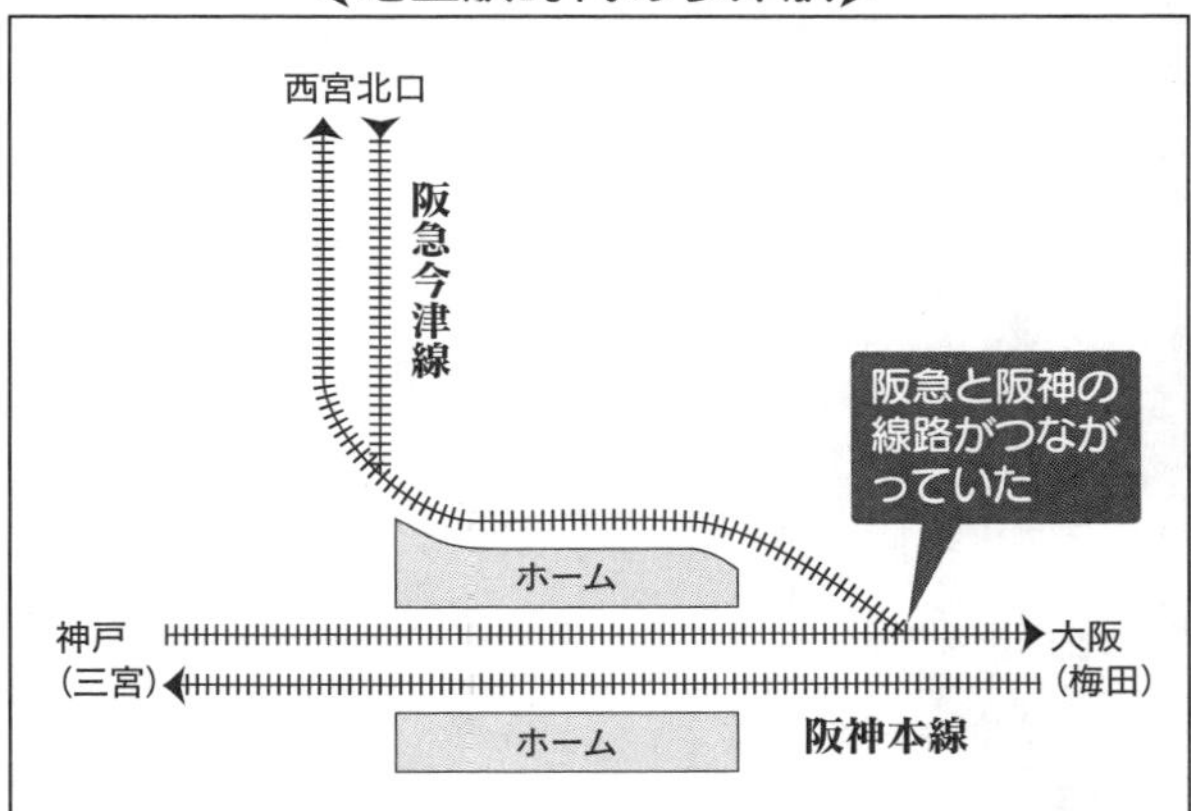

《2014年7月13日未明に走った回送列車の経路》

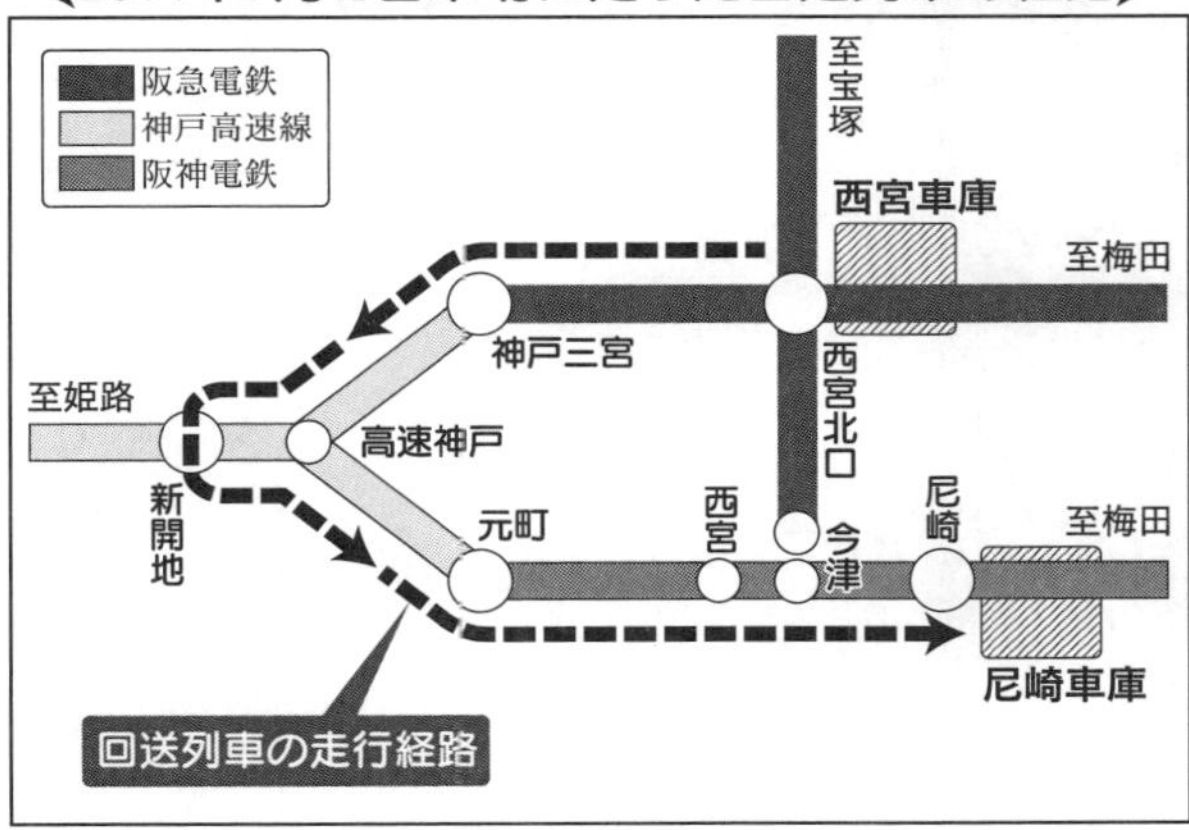

◉阪急の路線が持っている「もうひとつの顔」とは？◉

２０１１年（平成23）に公開された映画『阪急電車 片道15分の奇跡』。作家・有川浩氏の小説を原作とし、今津線の８駅で起こるエピソードを描いた作品だが、乗客のプロフィールといえば、「育ちの良さそうな婦人」「知的で清楚な女子大生」「上品な老婦人」「宝塚音楽学校の生徒」「沿線にあるミッション系の学校に通学する中学生」などだ。この車内風景は、今津線の日常風景と一致している。

そんな今津線だが、客層ががらっと変わるときがある。乗客の多くが競馬新聞片手の男たちに一変する日があるのだ。

関西では京都競馬場と並んで、その名を知られる阪神競馬場の最寄り駅は今津線の仁川駅。それも、専用の地下道や専用通路で結ばれているほどの近さだ。

来場者には、駐車場のキャパシティの関係から、電車やバスでの来場が呼びかけられており、当然ながら観客の多くは今津線を利用する。レースは年中開催されているが、とくに重賞レース開催日などは通勤通学ラッシュ時に劣らない混雑ぶりを見せる。駅の宝塚寄りには折り返し列車用の引き上げ線もあり、梅田直通の臨時急行も運転される。

すべてのレースが終了して観客が帰途(きと)につく16時ごろは、ちょうど下校時刻と重なることになり、列車は帰宅する学生・生徒たちとともに、競馬帰りの悲喜(ひき)こもごもを抱えた人々で混み合うわけだ。

阪急沿線には、このほかにも競馬場や競輪場が存在する。園田(そのだ)競馬場は神戸線の園田駅から、京都向日町(むこうまち)競輪場へは京都線の東向日(ひがしむこう)駅から無料送迎バスが出ている。文教地区や高級住宅街のイメージが強調される阪急だが、公営ギャンブル会場へのアクセス路線というのも、もうひとつの顔なのだ。

◉複線で走るスペースがあるのに、なぜ嵐山線は単線?◉

京都線の桂(かつら)駅から分岐して嵐山に至る、全長約4・1キロメートルの路線が嵐山線。ふだんは線内を往復する4両編成の普通列車のみが走るのんびりとした単線の路線だが、行楽シーズンともなれば多くの観光客でにぎわう。

この嵐山線、車窓風景をよく見ていると、単線にもかかわらず、線路のある敷地や架線柱のスペースが妙に広いことに気づくだろう。ひょっとして複線にする計画があるのでは……と思うかもしれないが、答えはその逆。かつて複線だった名残(なごり)なのだ。

同線が開業したのは、１９２８年（昭和３）11月9日。現在の京都線の前身である新京阪鉄道の路線として誕生した。全線が複線で建設され、嵐山駅も6面5線という大規模なターミナル駅として華々しく開業。新京阪との連絡によって大阪と嵐山をダイレクトに結ぶ路線となることから、観光客輸送に大きな期待が寄せられていたことがうかがえる。

だが、じっさいにはそこまでの利用者はなく、開業から2年後の１９３０年（昭和5）には、線路はそのまま残しつつも運行を単線に切り替えることに。せっかくの立派な設備も宝の持ち腐(ぐさ)れとなってしまった。

それでもなお複線の線路は維持されていたものの、その後、時代は戦争へ向かって突き進んでいく。嵐山への観光などと言っていられる時代ではなくなり、ついには国によって「不要不急線」に選ばれてしまった。

不要不急線とは、簡単にいえば軍事輸送のうえでとくに重要性がない路線のこと。線路などを撤去(てっきょ)して、武器の生産に必要な金属を供出(きょうしゅつ)することを目的に、全国各地で観光地へのアクセス路線や利用者の少ないローカル線などが選定されたが、ここに嵐山線も含まれてしまったのだ。

すでに使っていなかった複線の片方を取り外し、名実ともに単線となったのは日本の戦局が悪化の一途をたどっていた1944年（昭和19）のこと。結局、戦後になっても複線は復活することなく、嵐山駅の規模も現在の3面2線に縮小。桂駅もかつて嵐山線が複線だった時代とは配線が変わり、いまや複線への復活は事実上できなくなっている。

とはいえ、とくに春・秋の観光シーズンには大にぎわいとなるこの路線。シーズン中は梅田や宝塚などからの直通列車も運転され、京都のなかでも人気の高い嵐山への玄関口として活況を呈している。

駅舎が京町家風にリニューアルされ、ホームには灯籠形の照明が下がる嵐山駅は古都の駅らしさを醸し出しており、なかなかの風情だ。

幅が広く取られた架線柱が複線時代の名残だ（写真：kakih0703/PIXTA）

◉千里線には東海道本線の「跡地」を走る区間がある！◉

東海道新幹線が建設されるさい、阪急京都線の電車が新幹線の線路を走った（30ページ参照）というエピソードを先に述べたが、京都線が一部の区間で東海道本線の「跡地」を走っているということをご存じだろうか。その区間は現在の南方―淡路間で、さらに千里線の下新庄まで続く。

これは大正初期、東海道本線の吹田―大阪間のルートが吹田操車場新設のために淡路経由から東淀川経由に変更されることになり、当時、千里山に住宅地と霊園を開発するのと並行して、大阪市中心部を結ぶ鉄道を敷設するビジネスを計画していた「北大阪土地株式会社」がこの跡地の払い下げを受けて鉄道を開業したためだ。ちなみに鉄道会社名は「北大阪電気鉄道」（64ページ参照）と名乗った。

現在も開業時からそのままの施設を見ることができるが、代表的なのは吹田―下新庄間にある新神崎川橋梁だ。東海道本線時代から使われている円形のレンガづくりの橋脚と、北大阪電気鉄道がのちに増設した橋脚が混在しており、歴史の古さを感じさせる。

北大阪電気鉄道は、当初は淡路から天神橋筋六丁目への乗り入れを計画していたが、淀川に橋を架けるための資金が足りずに断念。ひとまず十三に乗り入れて接続を図ることに落ち着いた。

　だが、京都と大阪を高速で結ぶ路線を計画していた京阪系列の新京阪鉄道が、大阪側に設けるターミナル駅として、北大阪電気鉄道の持っていた淡路―天神橋間の路線免許に着目。新京阪は1923年（大正12）に北大阪電気鉄道の株式の過半数を取得して経営の実権を握り、同社の路線は新京阪に編入された。

　新京阪は淡路―天神橋間の路線を延ばすかたちで京都まで本線を延伸。淡路―十三間は支線となった。

　これらの歴史を物語る新神崎川橋梁

旧東海道本線の橋脚（円柱形のもの）が流用されている新神崎川橋梁
（写真：もんじゃ）

だが、淡路駅前後の立体交差化による高架化工事の進展にともない、現在架け替え準備のための仮橋への移行が始まっている。

1世紀以上の歴史を刻んできた、東海道本線時代の面影(おもかげ)を残す施設も姿を消す運命にある。

◉大アクシデントを克服して開業した神戸高速鉄道◉

梅田から神戸方面へ向かう神戸線の列車は、その大半が神戸三宮駅を越えて高速神戸駅や新開地(しんかいち)駅までの直通運転を行なっている。

神戸三宮から先は、現在は阪急阪神グループとなった第三セクター鉄道、神戸高速鉄道が保有する区間。同社は阪急・阪神と山陽電鉄を結ぶ神戸三宮・元町―西代(にしだい)間と、神戸電鉄が乗り入れる湊川(みなとがわ)―新開地間の路線を保有する鉄道会社だ。この路線の開業によって、阪急・阪神は新開地方面への直通や山陽電鉄との乗り入れが可能になった。

いまでは路線の建設・保有のみを行ない、運行はほかの鉄道会社が行なうというかたちはそれほど珍しくなく、たとえば阪神なんば線や京阪中之島(なかのしま)線などもこの形態をとっている。

だが、神戸高速鉄道が発足したさいは、線路と駅だけを保有して車両を持たない鉄道会社はほかに存在せず、路線が地下ということもあって「トンネル会社」とも呼ばれたという。

この「トンネル会社」の路線が開業したのは1968年（昭和43）4月7日。だが、ここに至るまでには長い道のりが存在した。

神戸市内を東西に結ぶ鉄道の構想は戦前からあったが、具体化したのは終戦直後。神戸市の戦災復興計画のなかに、神戸市内に乗り入れている阪急・阪神・山陽・神有（神戸有馬電気鉄道、現・神戸電鉄）をひとつに結ぶ鉄道の構想が盛りこまれたのだ。1948年（昭和23）にはさっそく私鉄4社と市による協議会が設立された。

高速神戸駅に停車中の阪急電鉄と阪神電鉄（写真:時事）

この計画をめぐっては電鉄各社にも温度差があり、もっとも積極的だったのは市内中心部への乗り入れが実現する山陽電鉄。阪急は戦前の三宮乗り入れのさいに地下化を求める神戸市とバトルを展開（193ページ参照）したこともあって、当初はあまり乗り気ではなかったようだ。計画路線が地下という点でも、神戸は洪水の心配があり費用もかかるとして高架化が適していると主張したという。

結果的には各社が一致して新会社の設立を決めたものの、今度は神戸市が出資にかんして市議会で2年越しの審議に。ようやく1958年（昭和33）10月、市と私鉄4社の出資による「神戸高速鉄道」が発足した。

工事は1962年（昭和37）に着工。建設予定地の地盤は良好で、地上から掘り進む「開削工法」をほとんどの区間で採用したこともあり、コストも他都市の地下鉄建設にくらべて抑えることができた。

……というと、工事がいかにも順調に進んだように見え、それほどの「大工事」だったの？　と思ってしまうかもしれない。じっさい、工事の進行は順調だった。だが、それを一夜にしてひっくり返す出来事が起きてしまったのだ。

1967年（昭和42）7月、西日本各地を襲った豪雨は同月9日から10日にかけて神戸市内にも凄（すさ）まじい雨をもたらし、土砂災害などで市内だけでも死者77人を出す大災害となった。

このときに、まさに工事中だった神戸高速鉄道のトンネルも水没してしまったのだ。工事中の開口部から流れこんだ約65トンという大量の水は、８割がた完成していたトンネルを埋め尽くし、あとには33万トンにも達する泥土が残された。

だが、工事関係者はくじけなかった。各地から調達した大量のポンプによって不眠不休の排水作業に取り組んだ結果、１週間後の同月17日にはトンネルからの排水をすべて完了。泥土の撤去も翌月の10日までに終わらせ、工事の遅れを約１か月に留めたのだ。

そして翌年４月、神戸高速鉄道は晴れて開業の日を迎え、阪神・阪急と山陽電鉄の列車が相互乗り入れを開始した。

阪急と山陽の相互乗り入れは１９９８年（平成10）２月に終わってしまい、２００９年（平成21）には神戸市が保有していた株式の一部を阪急阪神ホールディングスに売却したことで、神戸高速鉄道は阪急阪神グループの傘下に。

そして、２０１０年（平成22）にはそれまで電鉄各社から受託というかたちで行なっていた列車の運行管理や駅の運営も、乗り入れている各社が行なうかたちに変更した。

開業時は前例のない画期的な存在だった「トンネル会社」も、時代とともに姿を変えてきている。

③

◀美しい車体には〝こだわり〟がたっぷり!▶

車両の謎学

たとえば…
4ケタの車両番号は
どのように付けられる?

車体色の「阪急マルーン」はなぜ、かくも美しい？

阪急のイメージを形づくっている最大の特徴は、なんといってもその車体の塗装だろう。単なる「茶色」ではなく、「阪急マルーン」と呼ばれる栗色とも深みのあるワイン色とも形容できそうな塗装をまとい、磨き抜かれた光沢に輝く車体は、カラフルなカラーリングが多いほかの鉄道には見られない独特の高級感を放っている。

この塗装は、阪急の前身である箕面有馬電気軌道が開業した1910年（明治43）から基本的にずっと変わっていない。開業に合わせて導入された木造の電車「1形」からすでに、この塗装が採用されていたのだ。

車体の素材は木から鋼鉄、そして近年の車両ではアルミとなっているが、阪急マルーンの塗装は変わらずに受け継がれ、阪急のイメージを象徴する色となっている。

その色合いとともに特徴的なのが、塗装面の美しさだ。阪急の車体はつねにツヤがありピカピカだが、このような塗装仕上げだと光の加減によっては車体の凹凸が目立つことになる。

しかし、1964年（昭和39）生まれの3000系など古参の車両も含め、阪急では側面がベコベコした車両にお目にかかることはない。これは、車体の塗り直しを行なうさいに、ていねいな下地（したじ）処理を施（ほどこ）しているためだ。

再塗装を行なうときは、いったんすべての塗装を高圧の水によって剥（は）がし、凹（へこ）みが生じていた部分などをパテで補修して平らにする。その作業を行なってから下塗りをし、さらに阪急マルーンのポリウレタン樹脂（じゅし）塗料を塗り重ねているのだ。かつては「ハイソリッドラッカー」と呼ばれるラッカー系の塗料を使用していたが、1970年代初頭からは光沢があり、色あせも少ない現在の塗料に変更されている。

さらに、洗車もこまめに行なっている。平均して4日に一度は車体を洗浄。雨などで汚れた場合はそのつど洗車を行

ズラリと並んだ阪急の保存車両。車体色はいずれも「阪急マルーン」

なうという。

これらの工程によって、長年使用されている車両でも「ピカピカつるつるのお肌」を保っているのだ。阪急流、電車の「アンチエイジング」といったところだろうか。

車両の塗装には手間も費用もかかるため、現在では銀色のステンレス車両やアルミ製車体を採用し、塗装を省略する鉄道会社も多い。塗装を行なう場合は工場に専用のスペースが必要となるほか、近年は塗料の処理のために環境に配慮した施設を設ける必要性もあり、効率化という意味では塗装を省略するメリットは大きい。

阪急はそれでもなお、目先の合理化にとらわれることなく伝統のカラーを守り続けてきた。高級感あるマルーンの塗装に象徴される「阪急ブランド」は、このように手間ひまをかけて維持されてきたのだ。

木目調のインテリアに隠されている秘密とは？

阪急の車両の特徴としてよく取り上げられるのが車内設備。なかでも独特の高級感ある雰囲気を生み出しているのが、マホガニー調の木目（もくめ）の壁だ。

阪急の前身、箕面有馬電気軌道が開業したさいの最初の電車は木造だったが、車体の材料が木から鋼鉄、そしてアルミ製へと移り変わっても、木目のインテリアはずっと受け継がれている。

この木目、じつは全車両が同じ色というわけではない。古い車両は色が薄め、新しい車両は濃い色となっているのだ。単に「古い車両は日焼けして色が薄くなっている」からではない。もちろん色あせもあるが、一時期の車両からはじっさいに色味を変えて濃くしているのだ。

木目の色を従来よりも濃くして登場したのは、1988年（昭和63）にデビューした8000系から。色あせしにくい効果を狙ったといわれるが、車内がより重厚（じゅうこう）で高級感ある雰囲気（ふんいき）となった。

その後、2003年（平成15）に京

最新型車両1000系にも「木目」の伝統は受け継がれている（写真：Ogiyoshisan）

都線の特急用車両として登場した9300系では、側面のドアと車端部の木目を周辺より濃い色とし、目の不自由な人でも見分けが付きやすい室内配色を採用した。ほかの鉄道でもドア付近の塗装を変えて、ドア部分が目立つようにしている例があるが、阪急は車内の落ち着きを保ったままでこれを実現したわけだ。

その後に導入された車両にはこのパターンが踏襲されており、2013年（平成25）に登場した新型車両1000系・1300系も同様となっている。

ドア上のディスプレイや座席端の大型袖仕切りなど、従来はなかった設備が設置されても伝統の車内配色を守り続ける阪急。沿線住民に愛されるインテリアは、今後登場する新車にも脈々と受け継がれていくことだろう。

阪急ならではのこだわりのシートとは？

阪急電鉄の高級感を演出しているのは、先に触れた「阪急マルーン」と呼ばれる栗色の塗装、木目調の車内、そして何と言っても、通勤電車としては異例とも思えるほどグレードの高いシートだろう。

「指でなぞると文字が書ける」といわれるほど毛足の長い緑色のシートは、撫でると毛が逆立つのがわかる。ほかの鉄道ではなかなかお目にかかれない、阪急の特徴のひとつだ。

生地はアンゴラ山羊の毛織物。セーターやスーツなどに使われる、いわゆる「モヘア」で、このカットパイル（編み地の毛足を切りそろえた織物）を使用している。優先席以外のシートで使用される独特の落ち着きがある緑色は「ゴールデンオリーブ」と呼ばれ、これも伝統的に続いている色だ。

天然素材だけに価格変動や調達の難しさもあるなか、この伝統を貫いている点は特筆に値する。阪急沿線情報誌『ＴＯＫＫ』掲載の記事によると、シートの生地は１ロール30メートルで、毛足は３ミリ。生地の張り替えはすべて手作業で行なっているそうだ。

このシート、阪急の前身である箕面有馬電気軌道の開業時に登場した車両から採用されており、創業以来の伝統といえる。ただし、すべての車両が同じ素材を使っているわけではない。京都線の特急に使用される９３００系は背もたれの向きを変えることができる転換クロスシートとロングシートの両方を備えた車両だが、この車両のシートにはアンゴラ山羊の毛織物ではなく、別の素材が採用された。しかし、同じ９３００系でも製造時期が新しい車両は、ロングシートの部分についてはアンゴラ山羊の毛織物に戻っている。

その後、2013年（平成25）に登場した最新型車両の1000系も伝統の素材を使用して登場。やはり、阪急のシートはこの素材でなくては……との思いがあるのだろう。これからも続いてほしい伝統のひとつだ。

ラッシュ緩和の切り札「座席収納車」が短命だったワケ

「ゴールデンオリーブ」と呼ばれる緑色のふかふかしたシートで親しまれる阪急の車両。だが、一時期「座席のない電車」が走ったことがあった。正確に言えば座席がまったくないのではなく、座席を収納できる車両が走ったのである。

その車両は、1995年（平成7）に登場した神戸線の増結用車両8200系。ラッシュ時に8両編成に連結し、10両とするために製造された2両編成で、混雑時に使用される車両であることから乗客の収容スペースを広げられるよう、座席を壁側に折りたたんで収納する機能を装備した。当時はJR東日本の山手線などでラッシュ時に座席を収納できる車両が登場した時期で、これらの事例に触発（しょくはつ）されての導入といえる。

また、ラッシュ時に運用される車両のため、乗り降りの時間を短縮できるよう、ドアの幅も従来の車両より20センチメートル広い1・5メートルとなった。ドア幅が広がったことから、従来の車両のようにドアとドアのあいだに窓を３つ並べることができないため、側面は大型の窓２枚となり、外観上もそれまでの車両とくらべて印象が変わった。

また、窓の日よけが従来のアルミ製よろい戸からロールカーテンに変わったのもこの車両が最初。側面の行先・種別表示器にもＬＥＤ（発光ダイオード）式を採用した。

８２００系は２両編成２本の計４両が導入され、阪神・淡路大震災の被害により一部区間の不通が続いていた神戸線が全線復旧を果たした１９９５年6月12日から運転を開始。朝方の８両編成の通勤急行に増結され、座席収納

短命に終わってしまった8200系。窓が2枚であることに注目

機能を活かした混雑緩和の切り札としてデビューを飾った。

しかし、利用者から見ればありがたいことではあるものの、阪急の混雑率はその後、しだいに低下していく。JR神戸線の新快速が競争力を高めてきたことなどがその理由だ。座席を収納してスペースを増やすより、むしろ席に座れるチャンスが多少でもあるほうがありがたいという時代になってきたのだ。

結局、8200系はその後の増備が行なわれず、ついには導入済みの4両も座席収納の必要がなくなってきたことから、2007年（平成19）から2008年（平成20）にかけてほかの一般車両と同様のインテリアに改装されることになった。座席は通常のロングシートに交換され、現在では特徴ある外観を除けば、座席収納車両だった面影は見られない。

阪急を取り巻く環境が移り変わる最中に登場し、短命に終わった座席収納車両。ある意味で「時代の生き証人」ともいえるだろう。

窓も〝阪急スタイル〟を守り続けている！

車体の塗装やインテリアの配色など、創業以来変わらずに受け継いでいる伝統が多数ある阪急の車両。そのひとつに「窓」がある。時代に合わせてサイズなどは変わってきているものの、一部の例外を除き、基本的にずっと「一段下降窓」を採用し続けているのだ。

一段下降窓とは、窓ガラスが途中で分割されておらず、下に降ろすことで開けられる窓のことだ。鉄道車両の窓ではこのほか、上に向かって開く一段上昇式や、ガラスが2枚に分かれた二段窓などがある。二段窓は下段が上昇、上段が上昇か下降式だ。関西ではJRや阪神、京阪、南海などのやや古めの車両で、いまも二段窓の車両を見ることができる。

現在の日本の電車では、そもそも窓が開かないという例を除けば一段下降窓が主流となっているが、かつては全国的に見ても二段窓が主流だった。一段下降窓の場合、開いたさいに窓ガラスを収納するスペースを車体の一側に設ける必要があるが、ここに雨水が溜(た)まりやすく、鋼鉄製車体ではサビや腐食(ふしょく)を招く恐れがあり、メンテナンスの手間がかかるためだ。一段下降窓が主流となったのは、ステンレス製やアルミ製車体の普及により、腐食の心配がなくなった結果である。

だが、阪急は鋼鉄製車両であっても一段下降窓を採用していた。京都線の前身である新京阪(しんけいはん)鉄道が導入した車両は別として、阪急が自社で導入した車両で二段窓を採用したのは、日本で初めて車体の全部を鋼鉄製とした、メーカーの試作車としての要素が強い「全鋼製車」の510号（111ページ参照）と、第二次大戦後の資材不足の時代に運輸省（当時）の規格にのっとってつくられた550形、700系のみ。どちらもやむを得ない事情があったわけだ。

阪急が一段下降窓にこだわり続けている理由は「座席に座った人には髪が乱れないよう風を当てず、立っている人には風を当てて涼しく」という発想からだという。窓の形自体は変化しているものの、乗客の快適性に配慮したそのポリシーはずっと一貫（いっかん）しているのだ。

京都線の車両は、神戸線・宝塚線より「太い」って?!

鉄道ファンでなければ、どれも同じように見える神戸線・宝塚線・京都線の車両。だがじつは、さまざまな異なる点があることをご存じだろうか。

とくに大きな違いは「車体の幅」。かつては車体サイズを統一していた時期もあったが、基本的に神戸線・宝塚線の車両よりも京都線の車両のほうが幅が広い。2013年（平成25）から導入されている最新型車両の1000系・1300系を例にとると、神戸線・宝塚線用の1000系の車体幅は2770ミリメートルだが、京都線用の1300系は2825ミリメートルだ。

行楽シーズンには神戸や宝塚から嵐山(あらしやま)への直通特急が走るが（73ページ参照）、京都線車両を使うと神戸線の線路を走れないため、これらの列車には神戸線の車両が使われている。

異なるのは車体幅だけではない。ちょっと面白い点としては「音」にもその違いが表れている。

京都線に3300系という車両が走っている。大阪市営地下鉄堺筋(さかいすじ)線への乗り入れに対応した車両として設計され、1967年（昭和42）に登場。走行時の音、とくに発車するときに大きな起動音を発することから、ファンには「爆音電車」として親しまれている形式だ。

いっぽう、ほぼ同時期に神戸線向けに登場したのが5000系だ。こちらは神戸高速鉄道を経由しての山陽(さんよう)電鉄直通運転に対応して登場した車両だが、発車するときの起動音はほとんど聞こえないほどの静かさ。ややオーバーに表現すれば、モーターが付いている車両がどれなのかもわからないくらいだ。ちなみに、台車の形式は3300系と同じである。開発の時期もほぼ同じで、地下線に直通する点も同じ、さらに台車も共通なのに、なぜ走行音がこれほど異なるのだろうか。

その理由は、両者の駆動(くどう)システムと電気部品に違いがあるためだ。じつは、京都線の車両と神戸線・宝塚線の車両では、使用する電気部品のメーカーも、モーターから車輪を駆動するシステムも異なっている。モーターなどの電装部品は京都線の車両が東洋電機製造製、神戸線・宝塚線車両が東芝製だ。これは、もともと京阪系列の新京阪鉄道であった京都線、最初から阪急の路線である神戸線・宝塚線という、それぞれのルーツの違いによるメーカーとの取引関係を踏襲した結果だ。

現在もこの違いは続いているが、運転台の機器については、近年どの車両も東洋電機製造のものが使われている。3300系と5000系の関係と同じく、京都線の6300系と神戸線・宝塚線の6000系もそれぞれ起動音は異なる。こちらは京都線車両のほうが音は小さめ。最近の車両だと、それほどの違いはないようだ。

ここで紹介した車両はまだ現役なので、乗りくらべてみるのも面白いだろう。

4ケタの車両番号は、どのように付けられる?

電車の知識といえば、よく話題に上がるのは、形式や「クハ」や「モハ」などといった記号の類。とくに鉄道ファンでなくても、子どものころに電車や機関車の記号を覚えた……という人は多いのではないだろうか。

たとえば、JRの車両なら「クモハ223-2042」といった形式が側面に表記されている。ちなみに「ク」は制御車（運転台のある車両）、「モ」はモーター付き車両、「ハ」は普通車を指し、この形式はJR西日本の新快速用電車223系のモーター付き先頭車両だ。

これに対して、阪急の車両に表記されているのは4桁の数字だけ。だが、じつはこの4桁の数字だけで、その車両が走る路線のほか、先頭車なのか中間車なのか、モーター付き車両なのか、といったことがわかってしまうのだ。

たとえば「7119」という車両。千の位は電車の「形式」を表しており、この車両は「7000系」だ。1～9まですべての数字が使われるが、そのうち4は一般客を乗せない「事業用車」の番号として確保されている。

もっとも情報量が多いのは百の位で、0・1・2の場合には、神戸線・宝塚線用の先頭車、3・4は京都線用の先頭車。5・6・7は神戸線・宝塚線用の中間車、そして8・9は京都線用の中間車という意味だ。

先頭車は、どちら側を向いた車両なのかもこの数字でわかってしまう。形式名のまま（たとえば7000系なら「70××」、8300系なら「83××」）は梅田寄りの先頭車、形式名＋100（たとえば7000系なら「71××」、8300系なら「84××」）は反対側の先頭車だ。

ちなみに、1964年（昭和39）に登場した3100系までは、「1100系」「3100系」など、形式名の百の位が「1」の場合は宝塚線用車両だったが、それ以後に登場した車両では、宝塚線と神戸線の車両仕様が統一されたため、このルールは適用されなくなっている。

そして残るは下2桁。こちらはモーター付き車両かそうでないかを表し、00～49ならモーター付き、50～99なら「付随車（ふずいしゃ）」と呼ばれるモーターなしの車両を意味する。ナンバーは製造された順に付けられるのが原則だ。

これで、7000系「7119」の意味が読み解ける。7000系は3100系よりあとに登場した車両なので、この場合「1」の宝塚線ルールは適用されない。ということは、神戸・宝塚寄りに連結されているモーター付きの先頭車だ。

一見、システマティックなナンバリングシステムだが、じつは例外も多いため、ひと筋縄（すじなわ）ではいかない。たとえば「2851」という車両は、このシステムにのっとって考えれば「京都線用のモーターなし中間車両」だが、じっさいにはかつて特急で活躍した「2800系」の河原町寄り先頭車なのだ。

このように、ルールどおりにいかないこともあるものの、じつは情報がたっぷりつまっているわけである。

遭遇したらラッキーな車両があるって？

　マルーンの車体に銀色の切り文字で記された、阪急電鉄の車両番号。鉄道ファンでなければ気にも留めない部分かもしれないが、すべての数字がそろった「ゾロ目」の車両に出くわすと「おっ？」と思う人もいるのではないだろうか。とくに、ラッキーナンバーの「７」が連続した車両に乗り合わせたら、何となくラッキーな気分になれそうだ。

　では、そんな車両が本当にあるのかといえば、阪急には「７」並びの車両がじっさいに存在している。神戸線・宝塚線・神戸高速線を走る７０００系電車に「７７７７」があるのだ。阪急でゾロ目の車両は、この「７７７７」と京都線を走る３３００系の「３３３３」の２両しか存在しない。

「７７７７」が連結されているのは８両編成の７０００系で、神戸三宮側から数えて４両目。この編成の先頭車両の番号は、梅田寄りが「７０２７」、神戸三宮寄りが「７１２７」となっている。もし、駅に入ってくる列車がこのナンバーだったら、「７７７７」の車両が連結された編成ということだ。

　ちなみに、７が４つ並ぶ車両は、全国的にも東京の京王電鉄と阪急しか存在しない。京王電鉄の車両は編成の組み替えによるナンバーの変更で近年ナンバリングされたのに対し、阪急の「7777」は登場時からの番号であるため、生まれながらのラッキーナンバー車両といえる。

遊び心たっぷり！懐かしの「運行標識板」

列車の正面と側面にある「特急」「急行」などの種別表示と「○○行き」という行先表示。従来は文字を描(えが)いた幕による方式が主流だったが、近年は急速にLED（発光ダイオード）を使ったタイプが普及している。

阪急も例外ではなく、2006年（平成18）に登場した9000系から正面の行先表示にフルカラーLED式を採用しており、幕式の従来車も更新が進んでいる。

しかし、昔からの沿線利用者やベテラン鉄道ファンは、阪急の種別・行先表示といえば、先頭と最後尾に取り付けられていた「丸い特急・急行」「長方形の普通」の表示板を思い浮かべるのではないだろうか。

阪急の車両のうち、表示板を使用せず、表示幕のみで運用を開始したのは、特急用では1975年（昭和50）に登場した京都線の6300系、一般車両では同じ年に登場した2200系以降だ。

それ以外はすべて表示板を掲げており、すでに表示幕を装備していた京都線の大阪市営地下鉄堺筋線乗り入れ対応車両3300系も、京都線内を走るさいはほかの車両と同じく表示板を掲げていた。

この表示板、正式には「運行標識板」という。デザインは時期によっても異なるが、代表的なパターンはおおむね次のようになっていた。

特急：丸形。上部3分の2を赤で塗りつぶし、横書き白文字で「特急」。下部3分の1に「大阪⇕京都」などの区間表示が入る。

急行：丸形。白地で中央に赤字で「急」の1文字。その両側に縦書きで「大阪」「京都」などの区間表示が入る。

普通：縦長の長方形。左右に地名が縦書きで入る。白地に黒文字で、途中駅折返しは下側の両隅を三角に塗りつぶした形。

……と、このようなスタイルが基本だったが、箕面線直通準急には紅葉のイラストが描かれたり、当時運転されていた山陽電鉄須磨浦公園駅までの直通特急には海を表すブルーのアクセントが入ったり、といった遊び心もあった。

これらの標識板は車両正面の右側に掲げられるが、京都線の急行は左側で、宝塚線急行との誤乗防止を図っていた。そして、京都線の特急と神戸高速鉄道乗り入れ前の神戸線特急は、左右両側に標識板が取り付けられ「特急」のプレミアム感を演出。沿線の子どもたちの人気を集めたという。

使用されなくなった現在でも人気の高いこれらの標識板だが、阪急では鉄道グッズの一環として「運行標識板ミニチュアマグネット」を駅などで発売している。昔懐かしい標識板から最近のヘッドマークまで、コレクターの多いヒット商品だ。

阪急線内を走りまわる「阪急以外の車両」とは？

現在、阪急と相互乗り入れを行なっているのは、京都線と直通する大阪市営地下鉄堺筋線と、川西能勢口で接続し梅田までを結ぶ「日生エクスプレス」が宝塚線に直通する能勢電鉄の2路線だ。かつては、神戸高速鉄道を通じて山陽電鉄とも相互直通運転を行なっていたが、1998年（平成10）2月のダイヤ改正で見られなくなった。

これらの乗り入れ列車が阪急の線路上を走る区間は限定されている。堺筋線のステンレス電車66系が京都線を走る区間は、一部の臨時列車などを除けば、基本的に京都方面は高槻市までで、梅田方面は淡路まで。日生エクスプレスも梅田と能勢電鉄線内を結ぶ列車のため、能勢電鉄の車両は川西能勢口より先、宝塚方面では見られない……と思いきや、じつはそうではない。宝塚線をほぼ一日じゅう走り回っている能勢電鉄の車両があるのだ。

その車両とは、能勢電鉄の「6000系」。もともとは阪急の車両で、日生エクスプレスにも使われている8両編成の電車だ。

能勢電鉄で現在運行されているのは、すべて阪急から譲り受けた車両だが、この6000系も2014年（平成26）、日生エクスプレス用として阪急から譲渡された。そして、この車両が能勢電鉄に移

能勢電鉄に譲渡された6000系6002編成

籍したことにより、日生エクスプレスは阪急による「片乗り入れ」から「相互乗り入れ」となった。

しかしこの車両、じっさいにはそれまでと同様に阪急の車両として宝塚線を走っており、〝本籍〟の能勢電鉄を走るのは、日生エクスプレスとして乗り入れるときだけ。塗装も阪急と同じマルーンなので、一見しただけではなかなか気づかない。

だが、ほぼ阪急の車両と変わらないとはいえ、阪急以外の鉄道会社が保有する車両で梅田駅に乗り入れているのはこれだけだ。

このひそかな変わりダネ車両は「６００２編成」。見分けるポイントは戸袋（とぶくろ）に貼られた能勢電鉄のマークだ。１編成しかないだけに、もし日生エクスプレス以外で見られたら、ちょっとラッキーかも。

日本初の「全鋼製車」は阪急によるものだった

電車のボディといえば、かつては鋼鉄製、現在ではステンレスやアルミ製が主流だ。関西では大阪市営地下鉄やＪＲ西日本、南海電鉄などがステンレス製車両を積極的に採用しているほか、車体を塗装している京阪や近鉄なども近年の車両はアルミ製である。阪急も１９８４年（昭和59）以降の新車では、アルミ製車体を採用している。

だが、これらの金属製車体が一般化する前は、電車や客車の車体は木造が主流だった。阪急の前身、箕面有馬電気軌道が１９１０年（明治43）に開業した当初の車両も木造車だった。木造車両は鋼鉄製の台枠の上に木製車体を載せた構造で、木造家屋の建築に慣れていた日本人にとってはつくりやすかったのだ。

だが、車両の大型化が進むにつれ、車体も鋼鉄でつくったほうが頑丈で、安全性も高いことから、鋼鉄製車体の研究が進められるようになった。

そして、１９２５年（大正14）11月、日本で初めて車体すべてを鋼鉄でつくった「全鋼製車」が川崎造船所兵庫工場（現在の川崎重工業兵庫工場）で誕生した。阪急の「５１０号」車だ。

この車両は鋼鉄製車両の試作だったために「見本全鋼車」と呼ばれ、製造は１両のみ。完成後は神戸線で活躍していたが、なんと登場から１年も経たない１９２６年（大正15）10月14日、十三駅で衝突事故を起こしてしまう。

５１０号が衝突した車両もまた、５１０号の製造後につくられた最新の全鋼鉄製車両だったことから、事故での破損は小規模に留まり、被害は負傷者数人を出したのみだった。しかし、５１０号は事故調査のためにそのまま解体され、記念すべき日本初の全鋼製車はきわめて短命に終わってしまった。

じつは、この事故に先立つ同年9月23日、木造車体の弱さが被害を拡大したとされる大事故が広島県内の山陽本線で発生していた。

当時の日本を代表する「特急第一列車」(のちに特急「富士」と命名)が、豪雨によって地盤が流されたために浮き上がっていた線路に突入し脱線転覆、死者34人を出す大惨事となったのだ。そして、この事故では木造車体の客車が大破したことが犠牲者数の拡大につながったと指摘された。

事故の規模が違うため一概には比較できないが、ほぼ同時期に起きた事故で木造車両と鋼鉄製車両の安全性の違いが明らかになったのは事実だ。その後製造される車両は鋼鉄製が主流となったが、阪急はその先駆的な存在だったのだ。

阪急の歴史を彩った名車たちに会いに行こう!

100年を超える阪急の歴史を形づくってきた数々の車両。そのなかには、日本の鉄道の歴史に名を残す「名車」も数多く存在する。

とくに知られているのは、京都線の前身・新京阪鉄道が生んだ戦前の高速電車100形と、同じく戦前に神戸線の特急として使用された900形だ。

100形は、新京阪鉄道が現在の京都線開業にあたり、1927年（昭和2）から1929年（昭和4）にかけて導入した車両だ。別名は「P-6」（67ページ参照）。これは新京阪鉄道での呼び名で、「客車（Passenger Car）の6番目の形式」という意味だ。

当時は「電車」といえば、路面電車か都市部の短距離用と思われていた時代、100形は大阪と京都を高速で結ぶ本格的な長距離用電車として設計された。当時としては最大級の出力を誇るモーターを搭載し、最高時速は120キロメートルという、現在から見ても遜色（そんしょく）のない性能を誇った。

車内にはボックスシートが並び、窓は防音・防寒対策のため二重窓を採用。さらに、現在の走行位置を示すアナログ式の表示板まで設けられていた。現在の電車にある液晶やLED（発光ダイオード）の表示装置を先取りしたような設備を持っていたのだ。

いっぽうの900形は、1930年（昭和5）に神戸線に登場。阪急はこの車両によって梅田―神戸（のちの上筒井（かみつつい）駅、現在は廃止）間を30分で結ぶ特急の運転を開始した。その後もさらにスピードアップが図られ、1936年（昭和11）には梅田―三宮間の25分運転を実現。これは現在でも、阪急の歴史上もっとも速い列車だ。

９００形は、50トン超というヘビー級の車体をハイパワーのモーターで高速走行させるという１００形の設計思想とは異なり、車体を軽量化して高速走行を実現するというアプローチを採用。車内は背もたれの向きを変えることができる転換クロスシートを採用し、豪華な内装が評判を呼んだ。

１００形は１９７３年（昭和48）、９００形は１９７８年（昭和53）までに全車が引退したが、阪急は自社の歴史上重要な車両として、１００形の１１６号車、９００形の９００号車を正雀工場で保存することとなった。

そして、９００形は阪急の創業80年にあたる１９８８年（昭和63）に登場時の姿に復元。さらに、１００形は１９９７年（平成9）に、９００形は２０００年（平成12）に自力走行できる状態に復元された。現在でも、正雀工場で開催される「阪急レールウェイフェスティバル」では車庫内を走行するイベントが行なわれている。マルーンの塗装や木目の車内など、歴史と伝統を重んじる阪急。そのルーツといえる車両を見てみるのも面白いだろう。

普通料金で乗れる「京とれいん」の楽しみかた

近年、全国各地にあいついで登場している観光列車。風光明媚な地方のローカル線などを走る列車が思い浮かぶが、都市型鉄道のイメージが強い阪急にも観光列車が存在する。京都線・嵐山線を走る「京とれいん」だ。2011年（平成23）に登場し、特別料金不要で気軽に乗れるとあって、観光客の人気を集めている。

阪急マルーンの車体に金色で扇（おうぎ）などをあしらった上品なラッピングが目印で6両編成。車内は「和モダン」をコンセプトに2両ずつ異なる雰囲気で仕上げられ、1・2・5・6号車は京都の唐紙（からかみ）をイメージ。1・2号車は赤が基調の「蘭（らん）の華散らし」、5・6号車は緑を基調とした「麻（あさ）の葉」の模様をシートにあしらっている。

「京町家」をイメージした3・4号車（写真：ミヤゴハチ／PIXTA）

とくに凝っているのは、京町家をイメージした3・4号車だ。この2両は半個室席に仕立てられており、ドアから車内に入ると客席への入り口は格子状のパーティションで仕切られ、まるでモダンな京都の茶室にでも入ったかのような雰囲気だ。客席は「２＋１」の配列でボックスシートが並んでいるが、背もたれと座面は畳地にクッションを置いたような構造。背もたれの上にある高い仕切りとあいまって「走る町家」の雰囲気を醸し出している。

乗ったときから京都を感じられる雰囲気が魅力の「京とれいん」だが、じつは新しく製造した車両ではなく、かつて京都線の特急として走っていた2ドアの車両、６３００系の改造車だ。車内は一般の車両と大きく異なる雰囲気に仕上がっているが、車体の基本構造は変えることなく、パーティションの追加や壁、床材の変更などでイメージチェンジを図っている。リノベーションのお手本といえるだろう。

「京とれいん」は土・日・祝日の運転で、梅田―河原町間を1日4往復。快速特急として運転されており、途中の停車駅は十三・淡路・桂・烏丸だ。

予約も不要なので、京都観光はもちろん、通常の利用でも一度は乗ってみたい列車だ。

4

◀鉄道主体のまちづくりが花開いた!▶

沿線文化の謎学

たとえば…
阪急百貨店を成功に導いた
小林一三の手法とは?

「阪神間モダニズム」の立役者となった阪急

近年よく聞かれるようになった「阪神間モダニズム」という言葉。簡単にいえば、明治後期から昭和の戦前にかけて、西洋文化などの影響を受けて阪神間を中心に発展した近代的な文化や芸術、ライフスタイルのことだ。

阪急沿線、とくに神戸線や今津線沿線は、この象徴的な地域とされる。全国でも先駆的な取り組みだった、電鉄会社みずからが手がけた高級住宅街に建ち並ぶ洋館、美しく広々としたキャンパスの広がる大学……といったイメージだ。

だがじっさいには、鉄道会社による住宅地の開発は阪神電鉄のほうが早く、そして戦前には、ほかの私鉄各社も宅地開発事業に参入していた。さらに言えば、阪神間には阪急神戸線の開業前から国鉄（現・JR）東海道本線、阪神電鉄が通っており、阪急はもっとも後発の路線だ。

では、なぜ阪急沿線が「阪神間モダニズム」の象徴のように扱われるのだろうか。このテーマについては数多くの書籍や論文が発表されているが、つまるところは小林一三による優れたイメージ戦略と、鉄道を軸としたトータルコーディネートの力によるものが大きかったといえるだろう。

小林がイメージを重視していたことは、阪急の前身である箕面有馬電気軌道が開業を前にした1908年（明治41）に『最も有望なる電車』というタイトルの冊子を発行したことにも表れている。これは当時「果たして事業として成り立つのか」といぶかしむ声もあった同社について、わかりやすくQ＆A形式で紹介した内容だ。

さらに、開業直後に分譲を開始した池田室町住宅（次項参照）についても『如何なる土地を選ぶべきか　如何なる家屋に住むべきか』という冊子を作成、公害に悩まされる大阪市内を抜け出て、健康的で文化的な生活が営める郊外生活の素晴らしさを説いた。その後も沿線案内誌『山容水態』などを発行し、これらのメッセージの発信によって「阪急沿線＝質が高く一般の勤め人にも手の届く住宅地」というイメージを定着させたのだ。

住宅地の展開とともに、教育機関の誘致も沿線イメージ向上に向けた大きな要素となった。移転にあたって阪急が土地を提供した関西学院大学の西宮上ケ原キャンパスは、アメリカを発祥とするスパニッシュ・ミッション・スタイルの建築物と、自然と調和したレイアウトのキャンパスが美しい風景を生み出した。

阪急、そして小林が目指していたのはけっして富裕層向けのまちづくりではなく、大衆の生活をより文化的に、健康的にしようという取り組みだった。住みにくい都心を抜け出して「田舎」ではなく高速の電車で結ばれた、都市文化と自然の融合（ゆうごう）した「郊外」へ……。大正期以降の文化を担（にな）う主役となったのは中産階級だが、これらの人々に向けてモダンで質の高い輸送・住環境・教育をトータルで提供できる環境をいち早く整えたことが「阪急沿線＝ハイソ、モダン」といったイメージを後世（こうせい）まで定着させたといえるだろう。

日本初の分譲住宅は阪急から始まった

「美しき水の都は夢と消えて、空暗き煙の都に住む不幸なる我が大阪市民諸君よ！……」。

箕面有馬電気軌道による日本初の分譲住宅の冊子『如何なる土地を選ぶべきか 如何なる家屋に住むべきか』の冒頭の文句である。

現在から見ると、どことなく「上から目線」の印象も受けかねない文言だが、発案者の小林一三によれば「文学的に美辞麗句（びじれいく）を並べた」ものだという。学生時代には文学者を志（こころざ）していた小林ならではのセンスだろう。

いまでは当たり前となった、サラリーマン向けの住宅を割賦（かっぷ）販売するというビジネスを、日本で最初に手がけたのは箕面有馬電気軌道だった。宅地を造成し、住宅を建てて販売するという、いわゆるディベロッパーはすでに存在していたし、箕面有馬電軌に先駆けて開業した阪神電鉄も「沿線の駅周辺に貸家を建てて経営する」という事業に進出していたが、ローン付きの一戸建て住宅を分譲するというのは、まだ誰も思いついていなかった発想だったのだ。

記念すべき庶民向けの日本初の住宅団地は、１９１０年（明治43）、池田駅南の一帯に造成された83戸の「池田室町住宅」という建売住宅群だった。

敷地は１区画あたり約３３０平方メートル（１００坪）、家屋は約70〜１００平方メートル（20〜30坪）、５Ｋ〜６Ｋの平屋、もしくは２階建てで、販売価格は３０００円。当時の大卒初任給の相場が１か月30〜40円だったというから、ざっと年収の７〜８倍だ。支払い条件は、頭金が20パーセント、残金80パーセントを10年割賦払い、月額の返済は利息込みで24円、というものだった。

これを現代の感覚に置き換えると、３０００万円の戸建て住宅を、頭金６００万円、残り２４００万円を10年返済のローンを組んで、返済額がボーナス払いなしの毎月24万円、といったところだろうか。

現在なら住宅ローンが最長35年なので、月収30〜40万円の新入社員でも充分返済は可能なように見えるが、同じ場所で同規模の物件が３０００万円で手に入るはずもなく、「庶民向け」とはいえ、昔もいまも相応の所得がある者でなければ、おいそれと手が出せない代物であったことは容易に想像がつく。

この池田室町プロジェクトは成功し、昭和初期までの20年ほどにわたって、桜井（箕面市）、豊中、武庫之荘（尼崎市）、岡本（神戸市）などに広がっていった。

電鉄経営の基礎を築いたのはもちろんのこと、住宅分譲も阪急が生み出した新たなビジネスモデルだったのだ。

阪急百貨店を成功に導いた小林一三の手法とは？

いまではすっかり当たり前となっている駅直結の大型商業施設。大阪市内中心部にある主要駅でも、阪急百貨店や阪神百貨店のある梅田はもちろん、JR大阪駅の大丸とルクア、近鉄百貨店のある阿倍野橋、髙島屋のある南海電鉄の難波と、ターミナル駅にデパートやショッピングセンターはつきものだ。

鉄道会社直営のデパートを設けたのは阪急が日本、いや世界初ということはよく知られている。1929年（昭和4）に梅田の阪急ビルにオープンした阪急百貨店がその始まりだが、ここにいたるまでに小林一三は何を考え、どのように成功に導いたのだろうか。

小林が「駅に百貨店があれば経営が成り立つのではないか」と考えたきっかけは、当時の有名百貨店が主要駅から遠く、上得意の顧客に対しては無料の送迎車を用意していたことからのようだ。自身が著した『私の行き方』（1935年）には、「これ（百貨店）が経営は、送迎用自動車を無料で運転しても儲かるのである。これを一つ自分の電鉄事業と結びつけたらどんなものだろうかと」とある。

こうして百貨店経営に関心を持った小林だったが、最初に行なったのは自社での運営ではなく、他の百貨店をテナントとして招くことだった。

1920年（大正9）、梅田の駅前に建てた5階建てビルの2階を阪急直営の食堂、そして1階を当時の大手百貨店のひとつ、白木屋（現在の東急百貨店の前身）に貸し、その成績を見ることにしたのだ。

結果は良好で、駅での百貨店経営に自信を持った小林は、いよいよ直営での事業に乗り出すべく、1階を駅入口に改造することを理由として白木屋との契約を解除し、1925年（大正14）6月から同ビルの2・3階を直営の阪急マーケット、4・5階を食堂に改め、初の電鉄直営百貨店に向けた一歩を踏み出した。

そして、1927年（昭和2）には新たなビルの建設に着手。地上8階・地下2階という堂々たるターミナルビルは1929年3月末に竣工し、4月15日に晴れて

「阪急百貨店」がオープンした。

現在では高級感のあるブランドイメージの阪急百貨店だが、開業当初に目指したのは「よい品を安く売る」こと。歴史ある呉服店から発展した三越や高島屋などと比較して、ブランドや伝統といった点ではかなわないと考えたためである。

だが、単なる安売りではなく、小林にはポリシーがあった。特定の商品を赤字覚悟で安く売っても、百貨店はほかの商品で埋め合わせができるが、同じ商品を売る専門の小売店にとっては致命傷になる。それは小林曰く「心ある百貨店の為すべき途ではない」。価格競争をするなら「自分の手で、自分

開業当時の阪急百貨店（阪急ビル）（写真：毎日新聞社）

の工夫で、自分の設備で製造した商品」に限られるべき、というのが小林の考えだった。

そこでとった手法は、商品の製造も自社やグループ会社で手がけることだった。直営で洋菓子や和菓子、パンなどを製造する製菓工場を、グループ会社で主要顧客のサラリーマン向けにワイシャツやハンカチなどを製造し、百貨店の店頭で販売したのである。

駅直結の大型デパートという利便性、そしてこれらの新たな試みは、郊外に住み、都心に通う都市生活者の支持を集め、売り場面積320坪だった阪急マーケットの時代からわずか11年で1万6000坪の大百貨店へと急成長を遂げた。

阪急の成功を受け、1934年（昭和9）には東京の東京横浜電鉄（現在の東急電鉄の前身会社のひとつ）が渋谷に、そして1936年（昭和11）には大阪電気軌道（現在の近鉄）が上本町に直営の百貨店を開業。現在にいたる電鉄系デパートの時代が始まったのだ。

沿線に学校がやたらと多い、納得の理由とは？

阪急沿線には、全国的に名を知られる学校が数多く存在する。大学だけでも関西学院大学、神戸女学院大学、甲南大学、神戸大学、大阪大学……など、中学・高校も含めればそれこそ枚挙に暇がない。とくに今津線はその距離から比較して学校が集中しており、全国的に見ても有数の文教地区だ。

これにはもちろん、小林一三の戦略が大きく影響している。鉄道沿線の郊外に学校を誘致し、通勤とは反対方向の定期的な需要を生み出すことを狙ったのはもちろんだが、郊外住宅地を開発するにあたっても、質の高い教育機関の存在は移住をうながすのに重要なファクターとなったからだ。

たとえば、阪急の前身である箕面有馬電気軌道が１９１０年（明治43）の開業と同時に開発した池田室町住宅の場合、その１年前に現在の大阪教育大学の前身のひとつである大阪府池田師範学校とその附属小学校（現・大阪教育大学附属池田小学校）が開設されており、これも住宅開発の成功に重要な役割を果たしたと考えられる。

阪急がみずから学校を誘致した最初の例は、１９１９年（大正８）に豊中に開設された大阪府立大阪医科大学予科（現・大阪大学）だ。このとき、阪急は敷地約３万４２００坪のうち約１万坪を寄付。１９２１年（大正10）の府立豊中中学校（現・大阪府立豊中高校）の開設にあたっても、土地買収費として寄付を行なっている。

そして、もっとも有名、かつ「阪急沿線＝文教地区」のイメージを形づくったのは、ウィリアム・メレル・ヴォーリズの手がけたスパニッシュ・ミッション・スタイルの西宮上ヶ原(うえがはら)キャンパスで知られる関西学院大学だろう(140ページ参照)。

関西学院は1889年(明治22)、神戸市内に創立されたが、1920年代に入ってキャンパスの拡張と大学への昇格が検討された。その予定地として候補に上がったのは上ヶ原のほか、現在は神戸大学のキャンパスとなっている六甲台だったという。小林一三は、神戸市内キャンパスの土地と建物を買い取り、上ヶ原の移転用地約23ヘクタールを提供するとの案を提示。これによって上ヶ原への移転が決まり、関西学院は新キャンパスへの移転と大学昇格を果たした。

このとき、阪急は旧キャンパスを320万円で買い取ったが、当時の年間運賃収入は約590万円。沿線へのキャンパス誘致に相当な金額を出したことになる。だが、これによって通学による鉄道利用の増加が実現しただけでなく、美しいキャンパスによる沿線のイメージアップも果たすことができた。1933年(昭和8)には近隣に神戸女学院も移転し、阪急沿線はまさに学園都市の様相(ようそう)を呈(てい)するようになっていく。

鉄道沿線への学校誘致は、戦前においても阪急、そして小林一三だけが取り組んでいたわけではない。だが、単なる鉄道利用者の増加策という範疇(はんちゅう)を越え、沿線のイメージアップやまちづくりの方向性にまで結びつけた点に卓越（たくえつ）したセンスが見られるのだ。

阪急の歴史をより深く知るためのスポットはここ！

実業家としてはもちろん、美術品の収集など文化人としても広くその名を知られた小林一三。その膨大（ぼうだい）なコレクションを所蔵しているのが「逸翁（いつおう）美術館」だ。逸翁とは小林一三の雅号（がごう）。美術館は小林の没年である1957年（昭和32）に、邸宅だった大阪府池田市の「雅俗（がぞく）山荘」にオープン。２００９年（平成21）には新館に移転した。

逸翁美術館のコレクションはもちろんのこと、阪急の歴史やその文化に関心を持つ人にとって興味深いのは、隣接する「池田文庫」だ。その歴史は、なんと宝塚少女歌劇団の初公演が行なわれた翌年である１９１５年（大正4）に、当時の「宝塚新温泉」内に開設された図書館にまでさかのぼる。

ここには24万冊を超える図書・雑誌が収蔵されており、創業時に発行した冊子『最も有望なる電車』や、その後に発行したＰＲ誌の『山容水態』など、さらに阪急の各種資料やポスターなどといった阪急電鉄関連の資料が大量に所蔵されている。

宝塚歌劇に関する資料も当然ながら豊富。公演のポスターや、雑誌『歌劇』が創刊号から最新号まですべてそろっているのはここだけだという。

また、かつての逸翁美術館だった「雅俗山荘」は、現在では小林の足跡をたどる「小林一三記念館」と、「邸宅レストラン雅俗山荘」となっている。雅俗山荘が建てられたのは1937年（昭和12）。その名は、芸術と生活を一体に楽しむとの思いが込められているという。

鉄筋コンクリート造の洋館ながら、屋根は日本瓦葺き（かわらぶ）という和洋折衷（わようせっちゅう）の外観が特徴的だ。現在では国の登録有形文化財にも指定されている。

小林一三記念館では彼の生涯をたどることができる（写真：sam／PIXTA）

「宝塚歌劇団」は〝苦肉の策〟として誕生していた！

阪急宝塚線に乗ったことがない人でも、宝塚市の場所がわからない人でも知っているであろう「タカラヅカ」。阪急が生んだ一大エンターテインメント「宝塚歌劇団」は、1914年（大正3）の幕開け以来、100年以上にわたって高い人気を誇り続けてきた。

歌劇団創設のきっかけは、じつはある「失敗」からだった。創始者である小林一三は1911年（明治44）、箕面有馬電気軌道の誘客を目的に「宝塚新温泉」を開設した。これは成功を収め、翌1912年（明治45）7月には室内プールを中心とした新館「パラダイス」が完成する。ところが、この新館は人気が出ず、失敗に終わってしまう。温水施設を設けていなかったため、水が冷たすぎたのだ。

「後始末に困った」（小林一三『逸翁自叙伝』より）小林は、とりあえずプールにフタをし、イベント用の大広間として使ういっぽうで、その当時大阪の三越に存在した「少年音楽隊」に注目。宝塚でも唱歌隊を結成しようと考えた。

「パラダイス」のプールを客席に、脱衣場を舞台にした劇場で初公演が開かれたのは1914年（大正3）4月1日のこと。最初の演目は桃太郎を題材とした歌劇『ドンブラコ』と喜劇『浮れ達磨（だるま）』、そしてダンス『胡蝶（こちょう）』の3本。演じたのは17人の少女たちだった。

公演は好評を博し、1919年（大正8）には「宝塚音楽歌劇学校」を設立。初公演から10年後の1924年（大正13）には、4000人を収容できる宝塚大劇場が完成するにいたる。そして、1927年（昭和2）には、日本初のレビュー『モン・パリ』を上演。当時ヨーロッパで流行していた様式をいち早く取り入れ、新たな舞台芸術の発信地として宝塚歌劇の名は一躍（いちやく）世に広まることになった。

宝塚歌劇の代表的な曲であり、2014年（平成26）3月から宝塚線宝塚駅の発車メロディともなった『すみれの花咲

室内プールを改造した舞台での初公演の様子（写真：毎日新聞社）

く頃』は、1930年（昭和5）初演のレビュー『パリゼット』の主題歌だ。

現在は、花・月・雪・星・宙の5組があり、各組に約80人のタカラジェンヌが所属。劇場は宝塚大劇場の他、隣接する「宝塚バウホール」、そして東京宝塚劇場の3つで、宝塚大劇場・東京宝塚劇場だけで年間900回以上の公演を行なっている。

劇団は阪急電鉄の一部門で、運営を行なっているのは創遊事業本部歌劇事業部。劇団員は一定の年数までは阪急の社員扱いだ。タカラジェンヌは阪急のポスターにも登場し、毎年の初詣ポスターは新入団者から1人が選ばれるため、ファンの注目を集めている。

さまざまな公演が100年の歴史を彩ってきた宝塚歌劇だが、じつは初期の公演では小林一三の担当作品もあった。もともと作家志望の文学青年だっただけあって「中学校や師範学校の音楽教科書をいろいろと集めて面白い歌だけを選抜し、鋏と糊さえあれば、音符を継ぎ足して一幕くらい仕上げる芸」（『逸翁自叙伝』より）があったのだ。

本人は自叙伝のなかで「元来私は音痴である」「芸術的批判の力はない」と述べているものの、小林が青年期につちかった文化的な素養が、宝塚歌劇をここまで発展させる原動力となったのは間違いないだろう。

阪急とプロ野球のかかわりは、いまも続いている

梶本隆夫、米田哲也、長池徳二、ダリル・スペンサー、山田久志、福本豊、加藤秀司、蓑田浩二、それに西本幸雄、上田利治……。昭和のなかばまでに生まれた人ならば、一度は耳にしたことのあるビッグネームだろう。現在のオリックス・バファローズの前身、「阪急ブレーブス」の黄金期を支えた選手や監督たちだ。1936年（昭和11）1月に発足し、現存するプロ野球の球団としては、巨人、阪神、中日に次ぐ歴史を持つ。

本拠地は阪急西宮スタジアム。同球場は、渡米中だった小林一三が視察したシカゴ・カブスの本拠地であるリグレー・フィールドを参考に設計・施工され、日本初の二層式スタンドを採用、野球以外の競技や催事などにも対応できることを前提にしていた。

戦前1リーグ制時代の、阪急軍vs大阪（現・阪神）タイガースのカードは、本業でのライバル意識そのままに熱い戦いがくり広げられ、阪急に敗れたタイガースの監督が解任されるという逸話も残っている。

戦後はチーム名を「阪急ベアーズ」に、さらに「阪急ブレーブス」へと改称し、

パシフィックリーグに所属。ファンの数は沿線人口に比例してそれなりにあり、阪神ファンの数とも肉薄していたといわれる。

ところが、テレビが普及し始めた昭和30年代なかばから、徐々に様相が変わり始めた。長嶋茂雄、王貞治といったスター選手を擁する巨人と同じセントラルリーグに所属する阪神タイガースに、野球ファンの関心が集中していったのだ。

甲子園球場で行なわれる阪神vs巨人が、あたかも東西決戦のような盛り上がりを見せたのと対照的に、レギュラーシーズンで巨人と対戦することのない阪急は、野球の興行面にかんしては阪神に大きく水をあけられてしまったのである。

とはいえ、1967年（昭和42）には初のリーグ制覇を果たし、上田利治が監督に就任して2年目となる1975年（昭和50）からは日本シリーズ3連覇・リーグ4連覇を達成。だが、その後は低迷し、1984年（昭和59）が最後のリーグ優勝となった。

そして、1988年（昭和63）10月、オリエント・リース（現・オリックス）による球団の買収が発表される。11月には阪急から正式に譲渡され、ここに「阪急ブレーブス」の歴史は終わりを告げた。1996年（平成8）には、西宮スタジアムでのプロ野球公式戦開催も終了し、阪急と野球のかかわりもこれで途切れたかに思われた。

しかし、運命とは奇異なもの。投資ファンドの阪神電鉄株大量取得に始まる一連の騒動（158ページ参照）の結果、長年のライバルであった阪急と阪神の経営統合が行なわれ、戦前には阪急軍と対戦したタイガースが、阪急阪神ホールディングスの傘下となったのだ。

現在では、タイガースは宝塚歌劇とともに、阪急阪神グループの「エンタテインメント・コミュニケーション事業」の主力を担う事業となっている。

ちなみに、西宮スタジアムの跡地に建つ「阪急西宮ガーデンズ」の「阪急西宮ギャラリー」では、ブレーブスが初の日本一に輝いたシーンの映像や記

阪急西宮ギャラリーにある西宮球場のジオラマ（写真：暇・カキコ）

念品、1983年（昭和58）当時の西宮北口駅とスタジアムを再現したジオラマを見ることができる。

高校野球の歴史は、阪急沿線から始まった！

夏の風物詩といえば高校野球、そして高校野球といえば甲子園球場だ。阪神タイガースの本拠地として、また高校野球の聖地として知られる同球場は阪神電鉄の保有で、1924年（大正13）の完成。以来90年以上の長きにわたり、球児たちの汗と涙を見守ってきた。

だが、夏の高校野球（全国高等学校野球選手権大会）は2015年（平成27）で100周年を迎えた。つまり大会は、甲子園の完成よりも前から行なわれていることになる。

では、記念すべき第1回はどこで行なわれたのかというと、じつは箕面有馬電気軌道が建設した「豊中グラウンド（豊中球場）」だった。

豊中駅が開業したのは、箕面有馬電気軌道が開業してから3年後の1913年（大正2）。現在では大阪都市圏のベッドタウンとして知られる豊中市だが、駅が開業した当時は農村地帯で、同社は駅の開設とあわせて宅地開発を行なうとともに、さらにその一角に運動場をつくった。スポーツ施設の建設が、沿線への乗客誘致と住宅地の知名度アップに役立つと考えられたためだ。

こうして同年5月に誕生した豊中グラウンドでは、さっそく大阪毎日新聞社（現在の毎日新聞大阪本社の前身）主催によるスポーツ大会「日本オリンピック大会」が開かれた。

その後、箕面有馬電気軌道は同グラウンドを使ったスポーツ大会として、中学野球大会の企画を大阪朝日新聞社（現在の朝日新聞大阪本社）に提案。そして1915年（大正4）8月、現在の夏の甲子園へとつながる記念すべき第1回目の「全国中等学校優勝野球大会」が開催された。

第1回大会の日程は8月18日から23日までの6日間で、出場校は全国から集まった10校。決勝戦は京津地区代表の京都二中と東北代表の秋田中が対戦し、延長戦の末、13回裏に京都二中が決勝点を挙げ、記念すべき初優勝に輝いた。

箕面有馬電気軌道も大会に合わせて電車の増発や割引きっぷの発売などを実施し、観客輸送に活躍。野球大会としてはもちろん、乗客誘致の面でも第1回大会は成功を収めた。

翌年の第2回大会は出場校も12校に増え、慶應普通部（関東代表）対市岡中（大阪代表）の決勝戦には約1万人の観衆が訪れるなど、観客数でも第1回目を上回る結果となった。

野球大会としては大成功となったが、ここでひとつの問題が生じた。もはや豊中グラウンドのキャパシティを超える人気になってしまったのだ。

そこで第3回からは、より収容人数の大きい球場として、阪神電鉄が西宮市に設けた鳴尾（なるお）球場を会場として開催することに。結局、豊中グラウンドでの開催は2回だけで終わった。

だが、鳴尾球場もキャパシティに制限があり、さらにグラウンドの土質も良くなかった。そこで、阪神は本格的な野球場の新設を決意し、1924年に収容人数5万人の大球場「甲子園大運動場」を完成させる。そして、翌年の1925年（大正14）からは甲子園を舞台として大会が行なわれることになり、これがいまに続いているのだ。

いっぽう、大会会場としての役目を終えた豊中グラウンドは、阪急が宝塚に新たな野球場（宝塚球場）を開設したことから、1922年（大正11）に閉鎖。跡地は住宅地として開発された。現在は住宅街の一角に「高校野球メモリアルパーク」が整備されており、高校野球の沿革を記したレリーフや「発祥の地」の記念碑などが設けられている。

だが、阪急と高校野球のつながりは、じつはこれだけでは終わらない。終戦の翌年、1946年(昭和21)の第28回大会は、甲子園球場が進駐軍に接収されていたことから、西宮スタジアムを会場として開催。

さらに、第40回の記念大会となった1958年(昭和33)、第45回の記念大会となった1963年(昭和38)は、出場校が多数となったことから3回戦までは甲子園と西宮スタジアムを併用して行なわれた。

高校野球の歴史には、阪神だけでなく阪急もまた、重要な役割を果たしてきたのだ。

豊中グラウンド跡地付近にある高校野球メモリアルパーク

沿線のブランドイメージを高めた名建築たち

「阪神間モダニズム」といえば、思い浮かぶのは大正から昭和初期にかけて建てられたモダンな洋館の数々ではないだろうか。

富裕層の邸宅や大学、教会、公共施設、そして百貨店などさまざまな建築が当時の阪神間を彩ったが、その代表的な建築家の1人がアメリカで生まれ、のちに日本に帰化したウィリアム・メレル・ヴォーリズ（William Merrell Vories、1880〜1964）だ。阪神間モダニズムが花開いた地である阪急沿線にも、ヴォーリズの作品がいくつも存在する。

その代表格は関西学院大学西宮上ヶ原キャンパス（最寄(もよ)り駅：今津線甲東園(こうとうえん)、仁川(にがわ)）だろう。現在地にキャンパスを移転した1929年（昭和4）に竣工した建物群は、いずれも「スパニッシュ・ミッション・スタイル」といわれる、アメリカ・カリフォルニア州から広まった建築様式で、赤いスペイン瓦(かわら)の屋根とスタッコ（化粧漆喰(しっくい)）塗りの壁などが特徴。甲山(かぶとやま)を背景として芝生の広場正面に時計台のある図書館が建ち、ここを中心として左右対称に校舎を配置しており、緑と建物の織りなすランドスケープが美しい調和を見せる。

関西学院大学のシンボル「時計台」はヴォーリズの代表作

関西学院大学教授小寺敬一の山荘として
建てられた「六甲山荘」(写真:663highlan)

同じくスパニッシュ・ミッション・スタイルの壮麗な建築で知られるのが神戸女学院（最寄り駅：今津線門戸厄神）だ。こちらも1933年（昭和8）にキャンパスが現在地に移転した際に建てられており、ヴォーリズが設計した12棟の建物は、2014年（平成26）に国の重要文化財に指定された。

このほか、六甲山頂にある木造の山荘らしいたたずまいが魅力ある「ヴォーリズ六甲山荘」（最寄り駅：神戸線六甲）や、いまも雲雀丘に残るヴォーリズ設計の住宅として貴重な「高碕記念館」（最寄り駅：宝塚線雲雀丘花屋敷）など、阪急沿線にはさまざまなヴォーリズ作品を見ることができる。

これらの建築物、とくにスパニッシュ・ミッション・スタイルによって統一された学校のキャンパスのイメージが、文化的な郊外住宅地として開発された阪急沿線のブランドイメージをいっそう高めたことは間違いないだろう。

惜しまれつつ姿を消す「宝塚ホテル」の魅力とは？

近年、関西では大正時代や戦前に建てられた、歴史的な近代建築の使用中止や取り壊しがあいついでいる。大阪・中之島の旧ダイビル本館やウィリアム・メレル・ヴォーリズが手がけた大丸心斎橋店など、旧ビルの一部を残しつつ改築されるケースも多い。阪急百貨店うめだ本店の建て替えにともなって姿を消した、旧阪急梅田駅のコンコースもそのひとつだろう。

そして、今度は「阪神間モダニズム」を代表する建築のひとつとして、宝塚で約90年のあいだ愛されてきた「宝塚ホテル」が姿を消そうとしている。

同ホテルは宝塚線の宝塚南口駅近くにある、1926年（大正15）に開業した老舗（しにせ）。現在は、阪急阪神ホールディングス傘下の阪急阪神ホテルズが運営しており、阪急グループのホテルの始祖といえる存在だ。

旧館は1929年（昭和4）に完成した洋館で、欧州の山岳リゾートホテ

レトロな雰囲気が多くの人々に愛されている「宝塚ホテル」
（写真:LOCO／PIXTA）

ルを思わせる、木の骨組みを露出させた山小屋風のハーフティンバー様式と三角の屋根が目印。設計者は大正～昭和初期にかけて関西を中心に活躍し、宝塚ホテルと同様に阪神間モダニズムの代表的建築といわれる六甲山ホテルなどを手がけた古塚（ふるづか）正治（まさはる）だ。

モダン文化が花開いた時代の面影をとどめる重要な建物として、2005年（平成17）には兵庫県の景観形成重要建造物、2007年（平成19）には経済産業省の近代化産業遺産（44ページ参照）に認定された。

だが、阪急阪神ホールディングスは2015年（平成27）5月、宝塚ホテルの建て替えと移転を発表。理由は老朽化や耐震化の必要性などで、現在地で建て替えると休業期間が長くなることから、宝塚大劇場の隣接地に移転する計画だ。跡地は住宅地などとしての活用を検討しているという。

長いあいだ宝塚のレトロ建築として多くの人に親しまれてきたことから、保存を求める声も上がっている。阪急創業期の雰囲気を感じられる貴重な建物だけに、いまのうちにぜひ一度見ておきたいところだ。

5

◀意外すぎる事実の連続にビックリ！▶

歴史の謎学

たとえば…
阪急にも昔は
「路線格差」が存在していた…

◉昭和40年代まで「阪急」は正式な社名ではなかった！◉

大手私鉄の有力ブランドとして、関西のみならず全国にその名をとどろかせる阪急。現在の社名はもちろん「阪急電鉄株式会社」だ。

しかし、じつは正式な社名が「阪急」に落ち着いたのは１９７０年代に入ってから。それまで長いあいだ、阪急はあくまで通称だった。

現在の阪急電鉄のルーツは、１９１０年（明治43）3月10日に梅田—宝塚間と、石橋—箕面間を開通させた「箕面有馬電気軌道」。当時の路線は現在の宝塚線と箕面線のみだったが、同社は大阪と神戸を結ぶ路線を建設し、これをメインの路線として飛躍を図るべく、１９１８年（大正７）2月4日には、社名を「阪神急行電鉄」に改める。その2年後の１９２０年（大正９）7月16日には、神戸線の十三—神戸（後の上筒井）間が開業し、名実ともに阪神間を高速で結ぶ電鉄へと脱皮を遂げた。

略称として「阪急」の名が使われるようになったのはこのころからだ。パンフレットなどにも「阪急電車」の文字が躍り、１９２９年（昭和４）に梅田駅に開業したデパートの店名は、正式名称が「阪急百貨店」となった（122ページ参照）。小林一三は著書『私の行き方』のなかで「阪神急行直営の百貨店であるから、店名を阪急百貨店とした」と述べている。

　こうして確立された「阪神急行＝阪急」のブランドだが、戦時中の1943年（昭和18）10月1日に、戦時体制化で行なわれた京阪電気鉄道との合併によって、社名を「京阪神急行電鉄」と変更する。新社名に「急行電鉄」の名が残ったのは、合併が阪急主導で行なわれたことからといわれる。

　戦後、1949年（昭和24）12月1日に、京阪神急行電鉄から現在の京阪電気鉄道が分離・独立するが、その後も阪急の社名は京阪神急行電鉄のまま変更されなかった。

　もっとも、この社名は戦前の阪神急行電鉄時代との路線網の違いをよく表していた。京阪が独立するさい、もともと京阪の路線だった新京阪線は阪急に残り、「京都線」となったため、阪急は戦前からの神戸線・宝塚線に加え、京都への路線を新たに手に入れることとなった。阪神間を結ぶ鉄道から、京阪神の3つの都市を結ぶ鉄道会社へネットワークが広がったのである。

　この「京阪神急行電鉄」が、多くの人に親しまれてきた略称を活かすかたちで、現行の「阪急電鉄」へと社名を改めたのは1973年（昭和48）4月1日のこと。現在からするとすでに40年以上前ではあるが、この会社の長い歴史を思えば意外と

阪急電鉄の歩み

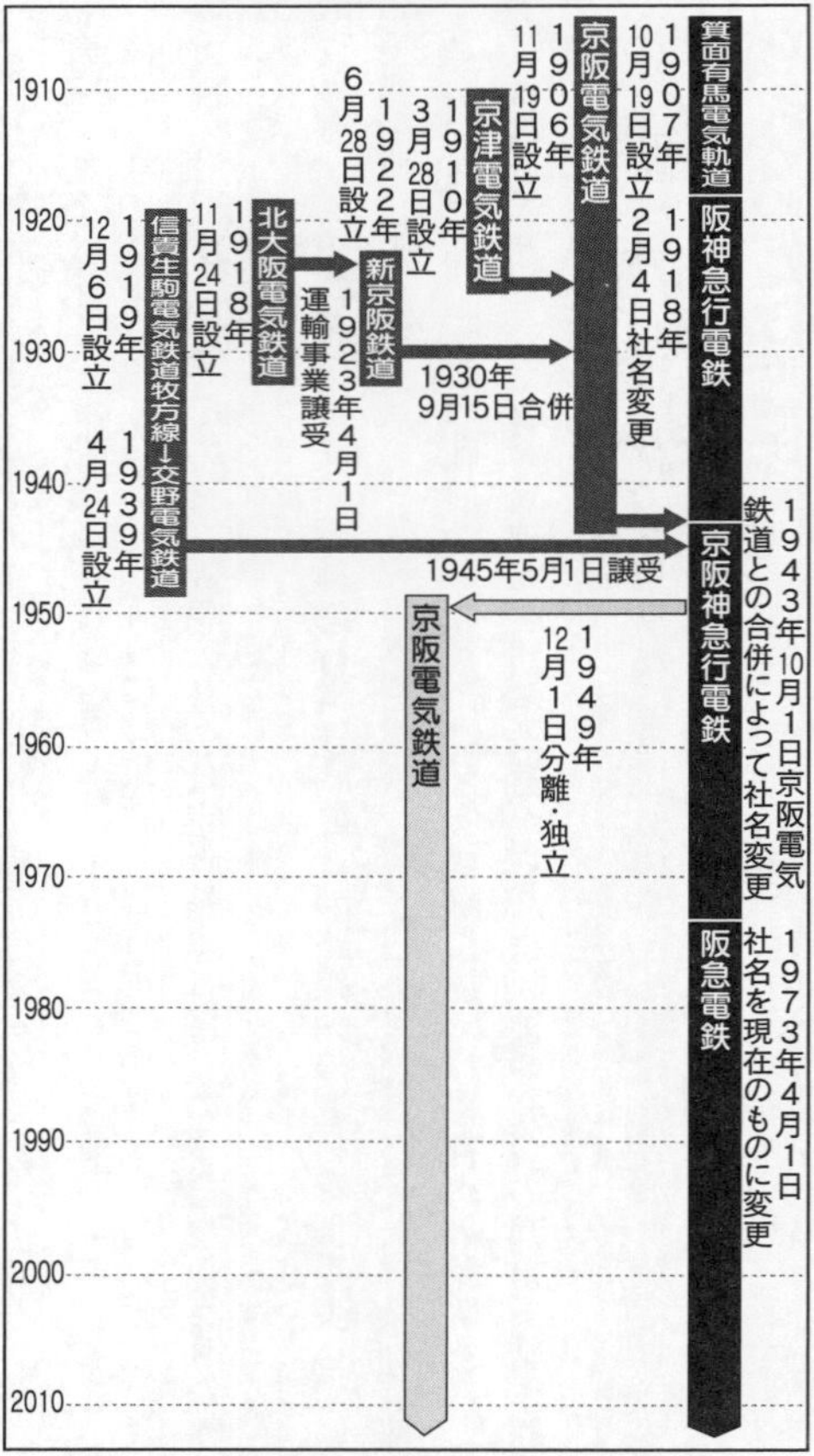

箕面有馬電気軌道
1907年10月19日設立
阪神急行電鉄
1918年2月4日社名変更
京阪電気鉄道
1906年11月19日設立
京津電気鉄道
1910年3月28日設立
新京阪鉄道
1922年6月28日設立
1930年9月15日合併
北大阪電気鉄道
1918年11月24日設立
運輸事業譲受
1923年4月1日
信貴生駒電気鉄道枚方線→交野電気鉄道
1919年12月6日設立
1939年4月24日設立
1945年5月1日譲受
京阪神急行電鉄
1943年10月1日京阪電気鉄道との合併によって社名変更
京阪電気鉄道
1949年12月1日分離・独立
阪急電鉄
1973年4月1日社名を現在のものに変更
1910
1920
1930
1940
1950
1960
1970
1980
1990
2000
2010

最近なのだ。ちなみに、いまでも多くの人が使う「阪急電車」という呼び方だが、案内などに使用される公式な略称は、１９９２年（平成４）以降は「阪急電鉄」に統一されている。

21世紀に入ると、ふたたび大きな変化が訪れる。2005年（平成17）には持株会社制への移行にともない、持株会社である阪急ホールディングスが鉄道を運営する阪急電鉄やその他の子会社を統括するかたちに再編。そして、翌2006年（平成18）10月1日には、長年のライバルであった阪神電鉄との経営統合にともない、持株会社の社名を「阪急阪神ホールディングス」に改めた（158ページ参照）。

鉄道を運営する子会社は阪急・阪神とも従来どおりの社名のままで、路線名も変わってはいないが、投資ファンドの株式大量取得に端を発する大手私鉄同士の統合は、日本の経済界・鉄道界に大きなインパクトを与えた。

正式社名や経営の体制が変わっても、沿線のみならず幅広く親しまれ続ける「阪急」の略称。その呼び名と高いブランド力は、今後も変わることはないだろう。

◉阪急の歴史は「路面電車」から始まった◉

社名に「急行」の名を取り入れるなど、黎明期から速さを売りとしていた阪急。とくに神戸線は当初から直線区間を主体とした高速運転可能な路線として計画されたが、じつは当初、阪急の路線は路面電車を建設するための法規である「軌道法」にのっとって建設された。戦前、阪神間を25分で結ぶ特急を走らせた当時も、法律上は路面電車と同じ扱いだったのだ。これは阪急だけでなく、阪神電鉄や京阪電鉄も同様だった。

高速運転には不向きと思われる「軌道」の規格で鉄道会社が設立されたのには理由がある。「日本全国への鉄道の敷設は、本来国の手によって行なうべきである」と考えていた明治政府は、民間による私設鉄道の建設には慎重な姿勢を貫き、既存の官設鉄道（国有鉄道）と並行する区間には、私設鉄道の建設を認めなかったのだ。

しかしこれが軌道、つまり近距離を走る街中の乗り物である路面電車であれば、その限りではなかった。そこで「路線の一部が道路にあればよい」という拡大解釈を用いて、実質的には一般的な鉄道と遜色のない路線が、あくまでも法規上は軌道として建設されたのだ。

こうして軌道法によって建設された宝塚線・神戸線は、１９７８年（昭和53）３月10日に全線が「地方鉄道法」にもとづく鉄道に変更されるまで、法規のうえでは路面電車と同じ扱いだった。

とはいえ、これはあくまで法律上の問題で、実質的にはすでに一般の鉄道と何も変わるところはなかった。軌道法の運転規則では最高速度は時速40キロメートル以下とされているものの、神戸線は軌道法の時代からすでに、この倍以上となる時速

110キロメートルでの運転が認められていたのである。

じっさいには路面電車ではないにもかかわらず、軌道法にもとづいて運営されている路線は現在もある。たとえば、大阪市営地下鉄は路線のほとんどが軌道法にもとづいている。これは道路整備と一体となって地下鉄を敷設したためだ。

また、全国の新交通システムやモノレールなども軌道法によって建設された区間が多いが、これは道路整備に関連する補助金をインフラの建設費用に充てられるという理由からである。

もはや、軌道と鉄道の法的な意味合いの違いには、ほとんど意味がなくなっているといえるだろう。

◉開業時は「がら空き」を売りにしていたって?!◉

「……綺麗で、早うて、ガラアキで、眺めの素敵によい涼しい電車」とは、1920年（大正9）に開通した神戸線の開業当初の宣伝文句だ。

神戸線は、阪神間を結ぶ路線のなかでもっとも山側を通っている。当時の六甲山のふもとには人家がほとんどなく、海を見下ろす眺めは素晴らしかったことだろう。

そのようなルートに線路をほぼ直線で敷設し、駅の数も並行する阪神電鉄とくらべて少ないとあればスピードも出せる。沿線人口も少なかったため、車内が「ガラアキ」だったことも容易に想像がつく。ひと足先に開業していた宝塚線も、当初は似たようなものだった。

ところが、このような状況も、第二次大戦後の混乱期を経て、高度成長期に差しかかるあたりからガラリと変わることになる。焼け野原になった大阪・神戸両市内からの移住者、満州などからの引き揚げ者、さらに良好な住環境を求める人たちが沿線に多数移住し、通勤需要が激増したのだ。

そのあおりが最初に訪れたのは宝塚線だった。もともと神戸線にくらべて車両の規格が小さく、それまで天神橋（現・天神橋筋六丁目）や十三止まりだった京都線の列車の一部が十三―梅田間に乗り入れるようになったこともあり、増発すらままならず、「ガラアキ」が売り文句だった路線は、「激混み」路線へと変貌を遂げてしまった。

当時を知る人によれば、「車内のガラスが割れるのは日常茶飯事」「車内での片足立ちは当たり前」というような状況だったようだ。

そして、1956年（昭和31）2月2日、ついに利用者の怒りが爆発してしまう事件が起きる。

朝ラッシュ時に宝塚線の服部（現・服部天神）―庄内間を走行していた列車が故障。車内から降ろされ、庄内駅まで歩かされた乗客が、すし詰め状態の後続列車に乗れないことに激怒し、停車していた後続列車の先頭車両の前に座り込むなどして、列車を動けなくしてしまったのだ。

ついには当時の小林米三専務が乗客の説得に駆けつけ、輸送力の増強などを約束し、なんとか事態は収拾したものの、混雑の激しさと遅々として進まない対策に乗客の不満が鬱積していたことがうかがえる。

その後、車両の大型化や増結、京都線の分離などの輸送力増強が功を奏して混雑はある程度改善されたが、それでも１９６７年（昭和42）のピーク時１時間あたりの平均混雑率は、宝塚線の三国―十三間で２４９パーセント、神戸線の神崎川―十三間で２２２パーセント。関東の中央快速線や京浜東北線に匹敵する混み具合だった。

ちなみに、２０１５年（平成27）度には宝塚線が１４５パーセント、神戸線が１４６パーセント、京都線が１３１パーセント。「新聞を広げて楽に読める」程度までには改善されたが、関西の大手私鉄、ＪＲで混雑率が１４０パーセントを超えているのはこの２線だけで、いまも関西ではトップクラスの混雑路線となっている。

◉阪急にも昔は「路線格差」が存在していた…◉

「国鉄は一挙に何十両も湘南電車を投入してくる。君たち、しっかりして旅客誘致にがんばってくれ……」（橋本雅夫著『大阪の電車 青春物語』〈草思社〉より）

この言葉は1950年（昭和25）当時の阪急の運輸部長の訓示だが、この言葉のとおり、阪急にとって国鉄（現・JR）は脅威以外の何者でもなかった。

ケタ違いに充実したインフラと資金力をもってすれば、私鉄などひとたまりもない……。大手私鉄の一大ブランドである阪急といえども、経営陣はつねに危機感を抱きながら運営にあたっていたのである。

1950年当時の状況を整理すると、京都線・神戸線・宝塚線は現在と同様に国鉄と並行して走っていた。京都線・神戸線は東海道本線と、宝塚線は福知山線とである。

このなかでは、京都―大阪間は京都側のターミナルが中心部にある阪急が圧倒的に有利。大阪―宝塚間も、並行する福知山線がローカル線同然だったため「阪急の一人勝ち」という状態だった。

問題は、残る大阪―神戸間である。この区間は、阪神電鉄を加えた3路線とも夕ーミナルを市の中心部に構え、経由地も若干のルートの差があれども同名の駅が多数存在する激戦区だった。したがって、新車投入など設備投資の優先順位も神戸線が高くなっていた。そのぶん、他線への投資が控えめになるのもやむを得ない面があったといえる。

車両の面から見てみると、当時の阪急の車両の規格は、戦前から高速運転を行なっていた京都線、神戸線が車体長19メートル級の大形規格だったのに対し、宝塚線は開業当時の路面電車規格を踏襲(とうしゅう)した15メートル級だった。戦前に大型化が検討された時期はあったものの、実現することなく終戦を迎えていた。

このように宝塚線は、単線に車両も小型……と、他の2線にくらべて近代化が遅れていたのである。

そして戦後、高度成長期に差しかかると同線の乗客数が急増。小型車による輸送は限界に近づきつつあった。前項で触れた「庄内事件」が起こったのは、ちょうどこのころである。この事件が、大型の電車が高速で行き交う神戸線や京都線に対する宝塚線利用者のジェラシーが相当なものであったことを、幹部が認識する機会となったのは間違いないだろう。

これ以後、宝塚線には他線と並行して新車が投入され、あわせて大型化とスピードアップも図られたことにより、近代的な路線へと変貌を遂げることになったのだ。

◉高級住宅地は阪急の手によるものではないって?!◉

「西宮や芦屋の邸宅街はスケールが違うね。東京の高級住宅地、田園調布や成城がチャチに見えてしまう……」とは、阪神間に居住経験のある東京の人の感想だ。

たしかに、神戸線の電車が夙川、芦屋、御影あたりに差しかかると、うっそうとした樹木の奥に洋館の大邸宅が点在するのが見える。これらの高級住宅地が阪急ブランドを支えるファクターのひとつであることは、疑う余地のないところだ。

だが、これらのお屋敷が並ぶ邸宅街の多くは、じっさいには阪急が手がけたものではない。

神戸線は、御影付近で大きくカーブを描く。これは、当時大阪朝日新聞の社主であった村山龍平らが「線路の敷設によって邸宅街の環境が損なわれる」と反対運動を展開した結果、この地域を避けるために生まれたものだ。ということは、これらの邸宅は阪急が開業する前から建っていたということになる。

また、芦屋には「六麓荘」という日本有数の屋敷街がある。昭和の初期に大阪の財界人たちによって開発されたエリアだが、これも阪急の手によるものではない。

宝塚線の雲雀丘花屋敷駅が最寄りとなる雲雀丘住宅地も、一部に阪急が開発した部分はあるものの、もともとは高級住宅地として知られた旧住吉村（現在の神戸市東灘区住吉町）の宅地開発を手がけた実業家、阿部元太郎の手によるものだ。

工業化が進んだ20世紀初頭の大阪市内は、すでに住環境が悪化しており、富裕層のあいだでは、六甲山のふもとに別荘のような邸宅を建てることが流行した。大阪朝日新聞の村山家以外では、日商岩井の岩井家、武田薬品の武田家、大林組の大林家、伊藤忠商事の伊藤家などが代表格だ。

そして当初、彼ら自身やその姉弟たちは、人力車や自動車で国鉄（現・JR）の駅に向かい、汽車の二等車（現在のグリーン車）で大阪に通っていた。1980年（昭和55）まで存在した快速列車のグリーン車は、その名残といえる。

阪急自身による住宅地の開発コンセプトは、日本初の分譲住宅である「池田室町住宅」で割賦販売を行なったことでもわかるとおり、会社員、いわゆるサラリーマンを対象としており、当時としては富裕層に向けたものではなかった。

これは、箕面有馬電気軌道が住宅分譲にあたって発行した冊子『如何なる土地に住むべきか　如何なる家屋に住むべきか』で「富豪の別荘なるものは暫くおき……」とあることからもわかる。田園調布などのコンセプトも阪急による住宅開発をモデルにしていることから、大富豪の別荘地として開発された芦屋の屋敷街などとは、スケールが違って当たり前なのだ。

とはいえ、おもに高等教育を受けたホワイトカラー層を対象とした近代的・文化的な住宅地の開発を阪急が推し進めたことが沿線のステータスを高め、高級住宅地の発展にもつながったことは確実だろう。

このように、商都として栄えた大阪の住環境悪化が富裕層の郊外移転を招き、次いで電鉄会社による近代的な郊外住宅地が沿線に開発され、その利便性の向上がさらに邸宅街の発展を進める……といった順序で、阪神間の住宅地は発展していったのだ。

◉阪急と阪神、長年のライバルがひとつになるまで◉

100年を越える阪急の歴史には、さまざまな節目がある。代表的なものでいえば、創業時の箕面有馬電気軌道から「阪神急行電鉄」に社名を変更し、都市間を結ぶ高速電車へと本格的に舵を切った1918年（大正7）、結果的に京都線が阪急の手に渡るきっかけとなった1943年（昭和18）の京阪電鉄との合併による「京阪神急行電鉄」の誕生などが挙げられるだろう。

そして、今後も阪急の歴史に大きな節目として刻まれるであろう出来事が２００６年（平成18）に起きた。阪急と阪神の経営統合だ。

同年10月１日、阪急の持株会社である阪急ホールディングスは阪神電気鉄道を子会社化し、社名を「阪急阪神ホールディングス」に変更。長年のライバル同士だった阪神と阪急の経営がひとつになるという、私鉄界にとって歴史的な〝事件〟だった。

ことの発端は元官僚の投資家・村上世彰氏率いる投資ファンド、通称「村上ファンド」による阪神電鉄株の大量取得だった。

村上ファンドは、西梅田の土地や阪神甲子園球場などをはじめとする阪神電鉄保有の不動産が、財務上は実勢価格ではなく取得時の簿価で評価され、じっさいには相当の含み益があるにもかかわらず株価に反映されていなかった点などに着目し、阪神株の取得を開始した。

甲子園球場を例にとれば、時価では約１６４億円と見られるところが、簿価では驚くべきことになんとたった８００万円。超優良資産を抱えているにもかかわらず、株価が割安だとファンドは判断したのだ。

さらに、当時は大証一部に上場していた阪神百貨店が阪神電鉄の子会社となって上場廃止されるさい、百貨店株1に対して電鉄株1・8を割り当てるとされていた点にも注目し、電鉄株を取得する目的で阪神百貨店株も買い進めた。

村上ファンドによる阪神電鉄・阪神百貨店株の大量取得が明らかになったのは2005年（平成17）9月27日。この時点で村上ファンドは両社の筆頭株主となっており、さらに同年10月1日の阪神電鉄による阪神百貨店子会社化で、阪神電鉄株の半数近くを保有することが明らかになった。

阪神電鉄の株価は、その年の夏から上昇を続けていた。それは、同年にリーグ優勝を果たす阪神タイガース好調の影響と見られていたが、じつはファンドによる株式大量取得の影響だったのだ。

村上ファンドは阪神に対し、株主価値向上策としてタイガースの上場などを提案。だが、熱烈なファンの多いタイガースだけに、思惑とは逆に世間の反発を招く結果となった。また、京阪電鉄がファンドから阪神株を買い取るかたちで両社の提携・統合も模索されたものの、価格面で折り合いがつかず棚上げとなった。

そこに浮上したのが、長年のライバルであった阪急だ。阪神が抱える梅田周辺の不動産などは阪急にとっても魅力的であり、地盤も重なっているため、一体化すれば経営の強化や効率化も図ることができる。

＜阪急阪神ホールディングスの事業体制＞

事業	会社	
都市交通	阪急電鉄	阪神電気鉄道
不動産	阪急電鉄	阪神電気鉄道
エンタテインメント・コミュニケーション	阪急電鉄	阪神電気鉄道
旅行	阪急交通社	
国際輸送	阪急阪神エクスプレス	
ホテル	阪急阪神ホテルズ	

阪急阪神ホールディングスホームページより作成

翌2006年4月以降、阪急ホールディングスによる阪神株取得へ向けた動きは本格化する。いっぽうで高値での株買い取りを求める村上ファンドとの交渉は難航し、ファンド側は自社役員らを阪神の取締役に選任するよう求める株主提案を行なうなど問題はこじれ続けた。ファンドによる阪神株の取得率は同年5月には46・8パーセントにまで達した。

だが、阪急は5月30日、村上ファンドとの合意がないままで株式公開買い付け（TOB）を開始する。さらに6月2日には、村上ファンドに対し、証券取引法違反容疑による東京地検の捜査が表面化。さらに同月5日には村上世彰氏が逮捕されるにいたり、ファンド側は阪急に対し、保有する阪神株の大半を売却する方針を固めた。

こうしてTOBは成立し、同年10月1日付で阪神電鉄は阪急ホールディングスの子会社となり、阪急と経営統合。第二次大戦後初の大手私鉄再編劇は、こうして決着を見たのである。

●じつは過去にも存在していた阪神との〝お見合い話〟●

鉄道業界、そして関西経済界に大きなインパクトを与えた、阪急と阪神の経営統合。しかし、両社の合併については、じつは過去にも取り沙汰(ざた)されたことがあった。最初の例はなんと阪急の前身、箕面有馬電気軌道の創業時までさかのぼる。

小林一三の自叙伝『逸翁(いつおう)自叙伝』(講談社)によれば、箕面有馬電軌の計画路線はとくに大都市も行楽地もない「田舎電車」であることから、会社を設立して路線免許を得たあと、工事に着手する前に阪神電鉄に売りつけようというのが狙いではないか――と誤解されていたという。

そして、開業後にはじっさいに合併の話も進められていた。『阪神急行電鐵(でんてつ)二十五年史』(吉原政義編：阪神急行電鐵：1932年)によると、両社の合併談は「具体的に二三度」あったという。

さらに、小林一三による前出の自叙伝によると、「私の知らぬ間に」、小林の銀行員時代の先輩であり、箕面有馬電軌の初代社長となった岩下清周と、阪神電鉄専務の今西林三郎のあいだで合併の話が進められていたそうである。

「これこれの条件で合併する、今西君が社長で君（小林）は常務取締役だと言うのである」（小林一三『逸翁自叙伝』より）。

しかし、秘密裏に進められていた合併談はどこからか漏れ、箕面有馬電軌の株価が暴騰する事態となり、この件は破談となった。

神戸線が開業し、阪神急行電鉄と社名を改めたあとにも、ふたたび合併談が起こった。このときは、すでに引退していた岩下のもとに当時の阪神社長であった片岡直輝が話を持ちかけた。競争の激化を避け、対等合併を行なおうという提案だ。

そして、片岡に「合併後の人事問題については一任する」と言われた小林は合併草案まで作成するが、小林の案は阪急が阪神を合併するというかたちだった。

片岡は、当時、南海電鉄の社長なども務めていた関西電鉄界の大物。小林の草案を見て「阪神が合併するのだよ、無論、きまっているではないか」（『逸翁自叙伝』より）と立腹。結局、合併談は流れ、その後小林は片岡邸に出入りできなくなってしまったという。

このほかにも合併構想はあったようだが、いずれも不成立に終わった。長く続いた両社の競争だが、その裏ではたびたび、合併の話が出たり消えたりをくり返していたのだ。

◉小林一三は東急電鉄にも深くかかわっていた！◉

大手私鉄の西の代表が阪急なら、東の代表は東京急行電鉄（東急電鉄）だろう。鉄道を中心に沿線住宅地の開発を手がけ、ターミナルには百貨店……といった小林一三の電鉄経営モデルにならった手法で事業を拡大した会社だ。

それもそのはず、東急の創始者である五島慶太（ごとうけいた）は、小林一三がその能力を見いだし、東急の前身である目黒蒲田（めぐろかまた）電鉄が発足するさいの経営陣として推薦した人物なのだ。

目黒蒲田電鉄の母体となったのは、1918年（大正7）に設立された「田園都市株式会社」だ。田園都市（ガーデンシティ）とは、19世紀末にイギリスで提唱された、農村と都会を折衷（せっちゅう）した自然豊かな職住近接形の街のことを指す。

のちの世界の都市計画に大きな影響を与えたが、明治の著名な実業家・渋沢栄一（しぶさわえいいち）

による呼びかけで誕生した田園都市会社は、これを日本型にアレンジしたまちづくりを目指した。

開発予定地は、当時の東京の辺境地であった洗足・大岡山・多摩川台（現・田園調布）。これらの地域はまだ交通網が整備されておらず、都心へのアクセスを確保するために鉄道建設も行なわれることとなった。

ところが、設立時の経営陣は都市開発事業と鉄道事業のいずれにも素人という顔ぶればかり。そこで渋沢栄一らは、筆頭株主だった第一生命社長の矢野恒太に経営支援を仰いだ。

だが、矢野も電鉄事業にかんしては未経験だったため、小林一三を顧問として招聘。申し出を受けいれた小林は「名前は出さず、報酬なし、日曜日のみ」という条件で指導にあたることになった。小林は、都市開発のノウハウを伝授するとともに数々の失敗談も披露し、慎重な助言を行なったといわれる。

とはいえ、小林も多忙をきわめる身、大阪と東京を行き来して経営を見るのには限界があった。そこで、田園都市会社から鉄道部門を目黒蒲田電鉄として独立させるさい、「識見、手腕、人格かねそなはつた人物」（『東京横浜電鉄沿革史』：１９４３年）として、当時まだ計画中だった武蔵電気鉄道（現・東急電鉄東横線）の役員を務めていた五島慶太を推薦したのだ。

目黒蒲田電鉄の最初の区間（目黒—丸子〈現・沼部〉間）が開業したのは、1923年（大正12）3月。田園都市会社による田園調布などの分譲は同年8月に開始されたが、そこに発生したのが関東大震災だった。

しかし、この未曾有の大災害は田園都市会社、そして目黒蒲田電鉄にとってはプラスの方向に働いた。東京中心部の自宅に損傷を受けた中産階級がこぞって郊外に転居しだしたのだ。このような時流も手伝い、田園都市会社は順調に業績を伸ばし、今日の東急グループの礎となった。

こうして見てみると、阪急と東急の出発点には違いがある。小林が推進した「乗客を確保するために沿線の住宅開発を行なう」という手法は、基本に鉄道事業があってこその発想だ。だが東急は、田園都市会社というディベロッパーが「開発した住宅地を購入した住民の便宜を図るために、鉄道事業に参入した」ケースである。

東急は阪急と比較して、学校の誘致をより積極的に推進した点など開発手法の違いはほかにもあるものの、もっとも大きな違いは、このルーツの部分といえるだろう。大手私鉄の東西の雄である両社だが、似ているようで違う部分も多いのだ。

⑥

◀ふだんは気づかない魅力に迫る！▶

駅の謎学

たとえば…
ホームからご神木が
生えている駅がある！

ホームを「1番線」でなく「1号線」と呼ぶ理由は？

ふかふかの座席や木目調の車内、そして伝統のマルーンに塗られた車体と、沿線住民に親しまれる特徴が多い阪急。

数ある特徴のなかでも、とくに大きなものとして挙げられるのが、「1号線」「2号線」など「号線」という駅ホームの呼び方だろう。たとえば、梅田駅なら「お待たせいたしました。1号線、特急京都河原町行き、ただいま発車します」といった放送が流れる。一般的には「○番線」という呼び方が多いが、なぜ阪急は「○号線」なのだろうか。

これは、阪急で「○番線」という言葉が異なる意味を持っているためだ。○番線は車庫線の線路を表すための呼び方で、これと区別するために駅では「○号線」と呼んでいるのだ。

○号線は線路に付けられた番号のため、ホームがない場合は数字が飛んでいる。たとえば、ホームのない通過専用の線路がある神戸線の六甲駅だと、下り（神戸三宮方面行き）ホームは1号線、上り（梅田方面行き）ホームは4号線となっている。通過線がそれぞれ2号線・3号線なのだ。

だが例外もあり、神戸三宮駅だけは「○番ホーム」という呼び方が使われている。これは同駅のホーム配置がその理由だ。同駅は線路が1号線・2号線・3号線の3線あり、ホームは1号線と2号線のあいだ、2号線と3号線のあいだに1つずつ設けられている。

ここで問題となるのが、両側をホームに挟まれた2号線だ。この線路は、新開地方面行きと梅田方面行きの両方の列車が使用する。このため「2号線」と案内するだけでは、乗客が反対方向の列車と間違えてしまう恐れがある。

そこで、神戸三宮駅に限っては、2号線の新開地方面行きを「2番ホーム」、梅田方面行きを「3番ホーム」として区別している。乗客にわかりやすいよ

出発を待つ列車が並ぶ
梅田駅ホーム

う配慮したための産物なのだ。

駅の乗り場を数字でどう表現するかはいろいろな考え方があるが、阪急は「◯号線」という表現にも表れているとおり、線路の数をカウントする方法だ。だが、たとえば関東の私鉄、小田急電鉄新宿駅は線路の数は5線であるものの、ホームの番号は10番ホームまである。これは神戸三宮駅と同様に「乗り場」の数を数えているためだ。こういったところにも、鉄道会社の個性は表れるようだ。

かつての駅名標と時刻表は超個性的だった！

最近の駅名標は、漢字・ひらがな・ローマ字に加えて中国語・韓国語まで表記しているものも見かける。国内の旅行客のみならず、インバウンド（海外からの訪日観光客）への対応も要求される、昨今の世相を反映しているかのようだ。

阪急の駅名標は、紺色地に丸ゴシック体の白い文字で、ひらがなの自駅名を大きく描き、その下に小さく漢字、ローマ字の駅名を記したスタイル。隣駅の名前もひらがなとローマ字表記となっており、ひらがなを主体としているのが特徴だ。

現在のスタイルは1986年（昭和61）から採用が始まり、基本的なスタイルは変えずにフォントの変更などを経つつ現在に続いている。その前は漢字を主体とし、かな表記はなかった。

だが、かつての駅名標はひじょうに個性的だった。まず大きな特徴は、駅名が「縦（たて）書き」だったことだ。

たとえば宝塚線の豊中（とよなか）駅だと、板の真ん中に縦書きで「豊中」の文字が大きく記され、片方の端にやや小さく隣駅の「岡町（おかまち）」、もう片端に「蛍池（ほたるがいけ）」といったかたちだ。隣駅の表示は矢印のものもあれば、指を差した人間の手のイラストで隣駅を指しているのもあった。何もなくても隣駅の表示ということは理解できるが、少しでも楽しい空間を演出しようという狙いが感じられる。能勢（のせ）電鉄も同様のスタイルを採用していた。

縦書きだったのは駅名標だけではない。駅構内に掲示（けいじ）してある発車時刻表も縦書きだった。横軸は右から5時、6時……と時間を表しており、一番左は0時ではなく「24時」と表記されていた。

縦軸は「分」を表していたが、特徴的だったのはその配置だ。縦の空間を00分が一番上、30分を中央、59分を一番下とした時間軸ととらえ、この位置に合わせて発車時分が配置されていたのだ。たとえば、15分発なら上から4分の1あたり、45分なら上から4分の3あたりに数字があるといった具合だ。

この方式だと、慣れればパッと見ただけでその列車がだいたいどのくらいの時刻に来るのかを知ることができる。だが、本数が増えるとゴチャゴチャした印象になってしまうという点では一長一短だった。

現在では駅名標も時刻表も横書きの一般的なスタイルになり、これらの特徴は消えていった。全国に数ある鉄道のなかで、いまでも独自の個性を放つ阪急だが、かつてはさらに個性が際立っていたのだ。

梅田駅と大阪駅は、その昔「上下逆」だったって?!

都市部の旧線から新線への切り替え工事は、今昔問わず話題にのぼるものだ。記憶に新しいところでは、２０１３年（平成25）３月15日深夜に行なわれた、東急電鉄東横線・渋谷駅の地下化にともなう工事がニュースになった。

最終列車が通過したあと、翌日の始発がやってくるまでの4時間余りという限られた時間内で作業を完了するのだから、周到な準備と手順を踏んでから臨まねばならない。段取りひとつ誤るだけで、翌日の列車が朝から止まってしまい、大混乱を招くことになる。

東横線切り替え工事の一部始終を実録したドキュメントでは、終電から始発までというわずかな時間での工事を「神業(かみわざ)」と評していたが、そこからさかのぼること79年前、1934年（昭和9）6月1日の阪急梅田駅でも、これを上回るレベルの「神業」が行なわれていた。

なんと、地平にあった鉄道省（のちの国鉄、現・JR）大阪駅を高架に、高架だった阪急梅田駅を地平に……つまり、上下を一夜にして入れ替えるという工事が実施されたのである。

当時、阪急梅田駅は省線大阪駅の南側にある高架駅だった。箕面有馬(みのおありま)電気軌道として開業したさいの地上駅では乗客がさばききれなくなったことから、1926年（大正15）に高架化工事を行ない、新しい駅に生まれかわってまだ数年である。そんななか、ふたたび駅を地平に降ろすことになったのは、東海道本線大阪駅付近の連続立体交差化工事の一環(いっかん)だった。

阪急は鉄道省から1931年（昭和6）に工事の通告を受けたが、高架化を実現させたばかりだったこともあり、費用負担などの折衝(せっしょう)も思惑(おもわく)どおりに進まなかった。

しかし、最終的に「この機会を利用して、社のイメージを一新するようなターミナルをつくる」ということに決定し、社内や工事関係者とはもちろんのこと、鉄道省とも入念な打ち合わせを重ね、地平駅への切り替えに取り組むこととなったのである。

当時の新聞記事によると、切り替え前夜の神戸線の終電は20時1分、宝塚線の終電は23時30分にくり上げられ、40人にも及ぶ駅員と多数の乗客が高架駅に別れを惜しんだという。

「明日はもう、このホームには降りられないんだ」とさびしそうにつぶやく乗客や、「宝塚線終発！」と叫ぶ駅員皆が「高架線ホームよ。さようなら！」と言っているようだった、との記述も見られる。日常生活に根付いた駅が姿を消すときの哀愁は、現在のようにスマートフォンを向けて撮影する人々の姿こそなかったものの、昔も今も変わらないようだ。

〝世紀の大事業〟を終え、新たに誕生した梅田駅ホーム（写真：毎日新聞社）

終電が出発してから30分も経たない午前0時前には高架駅のレール撤去が完了し、阪急から鉄道省へ合図が送られると、今度は地平に降りる阪急をまたぐための巨大な橋桁が所定の位置に取り付けられた。この間わずか5時間。深夜にもかかわらず、大勢の見物人がつめかけたというのも現在とさほど変わらない。

こうして「世紀の大事業」といわれた切り替え工事は完了。地平に新しく誕生した梅田駅は、贅沢な装飾を備えた豪華な駅としてその偉容を誇ることになり、当初の狙いどおり、阪急のブランディングに大きな役割を果たすこととなった。

この駅が利用者数の増加に対応するため、再度の大工事を経て現在あるJR線の北側へ移転、完成したのは1973年（昭和48）11月23日のことだ。旧駅の跡地は現在、阪急グランドビルとなっている。

戦後の梅田駅大工事は、いかにして行なわれたか？

前項のように戦前に世紀の大移転を果たした梅田駅だが、戦後にはふたたび大規模な改造が行なわれることとなった。

その理由は、簡単にいえば輸送量の増加だ。1934年（昭和9）6月の移転で大ターミナルとなった梅田駅ではあったが、国鉄の線路と阪急ビルに囲まれたスペースではホームの延伸・拡張に限界があり、いずれキャパシティが不足することは目に見えていた。

また、当時は神戸線・宝塚線が3線・京都線が2線と、スペースの都合で京都線が1線少なかった。2線のうち1線が急行、もう1線は特急と北千里行き普通列車が共用していたが、ともに15分間隔のため停車時間はかなり短く、京都線の普通列車はホームが足りないために、その多くが十三で折り返していた。

そこで阪急は、駅を約200メートル北側に移し、新たな駅舎を建設することを決断。1966年（昭和41）2月1日、移転・高架化工事に着工した。

3つの路線のうち、最初に完成したのは神戸線で、1967年（昭和42）8月27日に新駅への移転が完了。次いで1969年（昭和44）11月30日に宝塚線、そして最後となった京都線は、1971年（昭和46）11月28日に移転が完了した。

その後、京都線は1線を増やす拡張工事を行ない、1973年（昭和48）11月23日に完成。これをもって、約8年の歳月と約365億円（当時）を投入した梅田駅大改造プロジェクトは完遂した。

新駅は10両編成に対応した200メートルのホームとなったが、大半を占める8両編成の列車のほか、7両編成の京都線普通列車や6両編成の山陽電鉄・須磨浦公園行き特急、ドア位置の異なる旧型車……と混在していたため、ホーム下には点灯式の乗車位置表示が設けられていた。

この表示、現在は姿を消しているが、JR西日本の駅などで見られる、柱に取り付けられた番号札や足元の印を基準に「柱番号2番から8番」「足元の丸印3番から8番」などと構内放送で案内するスタイルよりもむしろ現代的といえそうなスマートな案内方法だった。

移転前のコンコースは、ドーム形の天井からシャンデリアが下がり、壁画が描かれた豪勢な内装で、券売機がなかった時代のきっぷ売場は大理石のカウンター越しにあり、ニューヨークのターミナルのひとつ、グランド・セントラル駅を思わせる壮麗な駅だった。この豪華なコンコースは、阪急百貨店の建て替えによって2005年（平成17）に惜しまれつつ姿を消したが、阪急百貨店うめだ本店13階のレストランの一角に再現されており、往時を偲ぶことが可能だ。

西宮北口駅に存在していた〝名物〟とは？

神戸線と今津線が接続する西宮北口駅。現在、今津線は同駅を挟んで今津方面と宝塚方面に分断されているが、路線名が同じことからもわかるとおり、1984年

（昭和59）3月までは、1本の路線としてつながっていた。

地図を見ると、現在でも神戸線と直角に交差していることがわかる今津線がどのようにして直通していたのかといえば、神戸線の線路を平面で横断していたのだ。

これが、いまでも鉄道ファンや当時を知る沿線住民には語り草となっている「ダイヤモンドクロス」だ。線路が交差する部分がダイヤモンドのような形に見えることから、このように呼ばれる。かつては一般の鉄道と路面電車の交差や、貨物線などでよく見られたものの、ひんぱんに列車が行き交う大手私鉄の路線同士が直交する例は日本唯一だった。

ダイヤモンドクロスが存在した当時、神戸線のホームはクロッシングを挟んで梅田方面行きは神戸寄り、神戸方面行きは梅田寄りに互い違いに配置されており、今津線のホームは宝塚寄りにあった。

神戸線は現在と同様、特急と普通列車の待ち合わせができるように待避線が設けられていたため、今津線の列車は神戸線の4本の線路を横断して走っていた。列車が4基のクロッシングを渡るときに発するリズミカルな音は、騒々しくもあるが西宮北口駅の名物だったという。

また、各線には、列車が万が一赤信号を突破しても交差する列車と衝突しないよう、列車をわざと脱線させる「脱線ポイント」と呼ばれる安全装置が設けられていた。ダイヤモンドクロス廃止時の記録では、神戸線が1日上下５４３本、今津線が２００本運行されており、これらの列車がお互いの合間を縫(ぬ)って行き交っていたが、廃止まで大きな事故が起きることはなかった。

だが、名物であるとともにダイヤ編成上のネックであったのも事実。さらに、神戸線のホーム延伸にあたっても特殊なホーム配置が障害となった。

結局、神戸線の特急10両編成化にともなうホーム延伸のため、ダイヤモンドクロスは１９８４年3月25日をもって姿を消した。今津線も南北で分断され、上下線が互い違いに配置されていた神戸線のホームも、一般的な対面配置に変わった。

１９８７年（昭和62）には現在の橋上(きょうじょう)駅舎が完成、さらに２０１０年（平成22）12月には今津線今津方面行き（5号線）ホームが高架化され、現在の姿となっている。

駅からデッキで直結している「阪急西宮ガーデンズ」の「阪急西宮ギャラリー」には、ダイヤモンドクロスが存在した１９８３年（昭和58）当時の駅周辺のジオラマがあり、列車がクロスを通過するさいの音が入った映像も見ることができる。

また、西宮ガーデンズ北側の道路を挟んだ位置にあるメモリアルスペースには、ダイヤモンドクロスの線路が埋めこまれて保存されている。

西宮北口駅のダイヤモンドクロスを行く7000系（1981年）

阪急西宮ガーデンズ北側にある「高松ひなた緑地」には
ダイヤモンドクロスに使われたレールの実物が展示されている

ダイヤモンドクロスが存在した時代とくらべれば「普通の駅」に近くなった西宮北口駅だが、現在でもほかの駅ではなかなか見られないものがある。

今津線発着ホームの梅田寄り外側にある急カーブは、本線と今津線の連絡線。隣接する西宮車庫との回送列車が通るための線路だが、平日の朝ラッシュ時に運転される今津線から梅田へ直通する準急も入線する。大形の車両が路面電車なみの急カーブを、車輪をきしませながら超低速で通過していく姿はド迫力だ。

また、仁川(にがわ)にある阪神競馬場での開催日に運転される臨時直通急行も、この線を通って運転されている。

神崎川駅構内にある「謎のレール」の正体とは?

かつて西宮北口駅の名物だった「ダイヤモンドクロス」。現在ではその面影(おもかげ)は残っていないが、神戸線神崎川(かんざきがわ)駅ホームの神戸三宮寄りから神崎川を渡る鉄橋の直前あたりを見ると、線路を真横に横断するレールのようなものがある。

一見すると小さなダイヤモンドクロスのように見えなくもないが、もちろんそんなところを通る別の路線は存在せず、見た目も鉄道のレールとはかなり異なる。ではいったい、このレールのようなものは何だろうか?

この正体は、神崎川が増水した場合に備えた防潮扉だ。神崎川の堤防の高さは線路よりもやや高く、線路が堤防を突っ切るかたちになっている。そのため、川が増水した場合には、この防潮扉を閉めるようになっているのだ。

同じ設備は鉄橋の反対側にも設けられており、万が一に備えている。扉を閉めると当然ながら線路はふさがれてしまうため、その場合には梅田—園田間は運休となる。

ちなみに防潮扉用のレールは神戸線の線路を避けて設置されているため、かつての西宮北口駅のダイヤモンドクロスのように、列車が変わった音を立てながら通過するようなことはない。乗車中は見過ごしてしまうような施設だが、いざというときにひじょうに重要な働きをする設備なのだ。

防潮扉は橋梁と駅の境界部に設置されている

一般客は利用不可！「学生専用改札」がある駅

通勤・通学客で混み合う朝のラッシュ時、文字どおりボトルネックとなりやすいのは改札だ。現在ではＩＣカードなどの普及によってスムーズに自動改札機を通過できるようになっているが、かつての有人改札時代は、駅員の人数にも限りがあるため、混雑しやすい場所だった。

とくに、学校の最寄り駅では朝の始業時間の都合で学生・生徒の下車が集中し、乗車する利用者と錯綜して大混雑になってしまうことがあった。

そこで、阪急が設置したのが「学生専用出口」だ。制服を着用し、校章を付けた生徒はフリーパスで改札を出られるという大胆かつシンプルなしくみで、１９６５年（昭和40）６月１日に甲陽線の甲陽園駅、箕面線の箕面駅、京都線の西京極駅に開設された。

このような試みは、全国でも初めてだった。改札係の駅員を配置する必要がなくなるだけでなく、制服を着ていなければすぐに見分けがつくため、不正乗車の心配も少ない。

翌１９６６年（昭和41）には、宝塚線の雲雀丘花屋敷駅、神戸線の西灘駅（現・王子公園駅）などにも設置されたほか、1969年（昭和44）には神戸線・伊丹線の塚口駅、宝塚線の池田駅、京都線の富田駅に「通勤専用出口」も開設された。塚口は三菱電機、池田はダイハツ工業、富田は松下電器（現・パナソニック）の工場などがあり、これらの企業の社章を付けた通勤定期客はフリーパスで出場することができたのだ。

画期的だった専用出口だが、その後、阪急が自動改札機の導入を積極的に進めたこともありしだいに減少。現在は学生専用出口が王子公園駅や雲雀丘花屋敷駅、甲陽園駅に残っている。

ICカード定期券の場合は、自動改札機の出場記録がないとつぎに入場するさいにエラーとなってしまうため、一般の改札を使用する学生・生徒も多いようだが、雲雀丘花屋敷駅の専用出口には、しっかりと自動改札機が設置されている。

「雲雀丘花屋敷」という雅な駅名が生まれるまで

宝塚行きの列車が池田駅を発車し、猪名川を渡るとそこから先は兵庫県。列車は川西能勢口・雲雀丘花屋敷・山本・中山観音と停車しながら進んでいく。

だが、1910年（明治43）3月に箕面有馬電気軌道として開業した当時は、池田から先の駅は花屋敷・山本・中山の順だった。といっても、単に川西能勢口駅が新設され、花屋敷駅が「雲雀丘花屋敷」駅という名に変わったわけではない。あいつぐ駅新設によって駅がひしめきあった結果、現在の姿になったのだ。

花屋敷駅は、山手の満願寺付近に開業した「新花屋敷温泉」という保養地への拠点駅として設置された。山本駅は現在より西側の場所にあり、中山（現・中山観音）駅との駅間距離は1キロメートルを切っていた。

開業からわずか7か月後の同年10月には、駅間距離が2キロを超える花屋敷—山本間の中間に平井駅が新設され、1913年（大正2）には、新規開業した能勢電鉄との乗り換え客の便宜を図るために、花屋敷駅から東へわずか600メートルの位置に能勢口（現・川西能勢口）駅が新設される。

さらに1916年（大正5）には、雲雀丘住宅地を開発した実業家・阿部元太郎の請願により、住宅地の足を確保するための新駅として雲雀丘駅が開業した。

その結果、池田—中山間の5キロ強の区間に6駅がひしめきあうという、路面電車なみの駅配置となってしまったのだ。

大都市中心部の乗客が多い区間ならいざ知らず、宝塚行きの場合、池田で半分以上が降りてしまうという当時の状況からすれば、明らかに供給過剰といえる状況。

おまけに、平井、山本の2駅はホームの長さが2両分しかなく、3両編成の列車は普通列車であっても通過していた。2両編成も乗客から申し出がない限りは停車しないという、現在の路線バスの降車ボタンを連想するような光景がくり広げられていたという。

これでは問題があるということで、まず1944年（昭和19）に山本駅が平井駅を吸収合併するかたちで山本（平井）駅となり、1961年（昭和36）には雲雀丘駅と花屋敷駅が対等合併するかたちで雲雀丘花屋敷駅が誕生。旧・平井駅と花屋敷駅は廃止され、乱立していた駅の再編が完了した。現在、山本駅の駅名標にカッコ書きで（平井）とあるのはこのためだ。

また、2つの駅が合併して生まれた駅名「雲雀丘花屋敷」の地名のうち、雲雀丘は宝塚市、花屋敷は川西市に位置しており、双方(そうほう)とも山沿いの地形を生かした邸宅街。駅も両市にまたがった位置にある。

ちなみに、サントリーの創業者・鳥井信治郎(とりいしんじろう)の私邸は花屋敷駅近くにあった。鳥井信治郎は、雲雀丘花屋敷駅が最寄(もよ)りとなる私立雲雀丘学園で初代理事長を務めており、その後も歴代理事長は鳥井家当主が務めている。

ホームからご神木が生えている駅があるって?

全部で88ある阪急電鉄の駅。そのなかでも、ひと目見てびっくりしてしまうのが宝塚線の服部天神駅だ。その名のとおり、「足の神様」として知られる服部天神宮の最寄り駅だが、なんと上り(梅田方面行き)ホームの屋根を楠の大木が貫いているのである。

初めて見た人は驚くだろう。駅の外からも、駅舎の上に巨木が顔をのぞかせているかたちで立っているのが見える。

この楠は、服部天神宮のご神木。駅ができるよりも前からこの地に立っていた木だ。同駅は1910年(明治43)3月10日、阪急の前身である箕面有馬電気軌道によって開業し、現在ある阪急の駅のなかでももっとも古い駅のひとつだが、このときに地元住民に親しまれているご神木をそのまま残すかたちで駅を建設したという。それ以来、ホームにそびえ立つご神木は、行き交う列車や駅利用者を見つめ続けている。

ご神木には神棚としめ縄が設けられ、阪急を利用する人々の安全を祈願しているという。また、毎年8月24日の服部天神宮夏天神祭の宵宮祭では、阪急電鉄の安全祈願祭も行なわれる。

当初の駅名は現在と同じ「服部天神」だったが、数年で「服部」に改称。だが、２０１３年（平成25）12月21日、京都線の西山天王山駅開業に合わせて「服部天神」に改称され、開業時の駅名へと戻っている。

服部天神駅上りホームにそびえる御神木
（写真：毎日新聞社）

新設された駅が、鉄道とクルマの関係を変える？

阪急の駅のなかで現在一番新しいのは、２０１３年（平成25）12月21日に開業した京都線の西山天王山駅だ。場所は長岡天神駅と大山崎駅の間で、京都縦貫自動車道と線路が交差する地点である。

両駅間の距離は約4キロメートルと阪急全線でも2番目に長い区間だったため、西山天王山駅の開設により周辺住民の利便性は増したが、この駅の特徴はそれだけではない。京都縦貫自動車道の長岡京インターチェンジに併設された高速バス停「高速長岡京」と駅が結ばれており、相互の乗り換えがひじょうに便利な構造になっているのだ。

駅は地上駅で、線路の上を高架でまたぐ高速道のバス停へは東口駅前にあるエレベーターを利用。バス停からは阪急バスなどが運行する長野県方面や東京方面、九州方面への便や、宮津（みやづ）や天橋立（あまのはしだて）など丹後（たんご）半島方面へのバスも出ている。阪急沿線の住民にとっては、大阪などのバスターミナルまで出ることなく高速バスを利用できるほか、帰路もここで降りて電車に乗り換えることによって、渋滞に巻き込まれるリスクを減らせる。ここから河原町（かわらまち）までは約20分、梅田までは約35分だ。

さらに、駅前には長岡京市によってパーク&ライド用の駐車場も設置されている。周辺から駅へのアクセスはもちろんだが、高速道路から長岡京インターチェンジを経由してここにクルマを停め、電車に乗り換えるということもできる。さまざまな使い方ができる駅なのだ。

駅間距離の長かった長岡天神―大山崎間への新駅設置の要望は以前からあった

が、京都縦貫自動車道の建設とあわせて計画が本格化。道路と鉄道をつなぐ新たな交通結節点として整備されることとなった。

長岡京インターチェンジを含む京都縦貫自動車道の沓掛インターチェンジ―大山崎ジャンクション間が開業したのは、駅に先立つ2013年4月のこと。駅はその約8か月後に開業した。

高速長岡京バス停に停まる高速バスの路線・便数は増えてきており、鉄道と高速道路をうまく活かした新たな交通のかたちは定着しつつあるといえるだろう。今後のさらなる成長が期待される。

摂津市駅は日本初の「カーボン・ニュートラル・ステーション」

「カーボン・ニュートラル」という言葉を聞いたことがあるだろうか。環境関連の用語で、簡単に言えば、何らかの生産活動を行なったさいに排出される二酸化炭素の量と、吸収される二酸化炭素の量が同じ（ニュートラル＝中立）である状態のことを指す。

たとえば、植物を燃やすと二酸化炭素が発生するが、植物は成長の過程で二酸化炭素を吸収しながら育ってきているため、これを燃やして二酸化炭素を放出しても、大気中の二酸化炭素の全体量から見ればプラスマイナスゼロといえる。これがカーボン・ニュートラルの考え方だ。

自動車などほかの交通機関とくらべると「エコ」な乗り物といわれる鉄道だが、電車を走らせるにも駅の営業にも、じっさいには多くのエネルギーを使っている。省エネや二酸化炭素排出量の削減は重要な課題だ。

阪急も消費電力の少ないＬＥＤ（発光ダイオード）照明を採用するなど、さまざまな取り組みを行なっているが、その象徴といえるのが京都線の摂津市駅。２０１０年（平成22）３月14日に開業した同駅は、日本初の「カーボン・ニュートラル・ステーション」なのだ。

摂津市駅付近では、摂津市と民間による低炭素型社会の実現を目指す「南千里丘まちづくり」事業が行なわれており、街の玄関口となる駅も、この一環として運営によって発生する二酸化炭素の排出量を抑制するための工夫が凝らされた。具体的には、駅施設への電力供給に太陽光発電を使用することや、ホームの屋根に溜まった雨水のトイレ洗浄水への利用、照明のＬＥＤ化、エレベーターのブレーキ時に発生する電力を蓄電し、駆動時に利用するシステムの採用などだ。

これらの取り組みにより、二酸化炭素の排出量を約４割削減。残りについては、排出量に見合った温室効果ガス削減などの活動に投資するカーボン・オフセットのしくみを利用して、実質的にカーボン・ニュートラルを実現している。阪急が利用しているのは、兵庫県宍粟（しそう）市や六甲山の森林保全活動による二酸化炭素排出枠を活用した「森林カーボンオフセットサービス」だ。

駅でカーボン・ニュートラルの取り組みを行なったのは摂津市駅が初めてで、この試みの意義が評価され、国土交通省による２０１０年の「日本鉄道賞」において「表彰選考委員会特別賞」を受賞している。

摂津市駅はこうした機能面だけでなく、駅の広告看板もすべて各企業の環境への取り組みを紹介する内容に統一。環境問題についてのショーケースのような駅となっている。

CO_2排出量を実質的にゼロにすることを目指した摂津市駅（写真：神馬／PIXTA）

いまも残るかつてのターミナル駅の面影

神戸線の神戸三宮行きに乗り、王子公園駅に到着する直前に右側の車窓を見ると、何やら線路が分岐しているのがわかる。車両を留置しておくための線路としては短く、川の手前でぶつりと高架は途切れている。

この線路、いったい何のために敷かれたのかといえば、じつはかつての神戸側のターミナル駅、上筒井駅へと延びていた線路の名残なのだ。

神戸線が開業したのは1920年（大正9）7月。上筒井駅は当時の神戸市電と連絡するターミナル駅として「神戸駅」の名称で開業した。規模はさほど大きくなく、2面3線という線路の配置は現在の神戸三宮駅と同じものの、ホームの長さは2両編成の列車が停まれる程度だった。

「神戸駅」を名乗るターミナルなのに規模が小さい駅だったのは、同駅が最初から「暫定」のつもりだったからだ。

阪急は神戸線開業の1年前、すでに「神戸市内延長線」の建設を出願していたが、神戸市は1919年（大正8）に阪急、阪神など郊外電鉄の高架線による市内乗り入れは認めないと決議、軌道敷設特許の条件は地下化であった。じっさい、阪神は路面を走っていた区間を改良するさいに地下化を行ない、１９３３年（昭和8）に三宮駅付近の地下線を完成させている。

いっぽう阪急は、東海道本線の高架化が進展していること、そして地下線建設には費用がかさむことからあくまで高架化を求め、１９２７年（昭和2）10月に要望を兵庫県に提出。これが神戸市の反発を招くことになった。阪急が高架化を主張したのはコスト面の理由が大きいと考えられるが、小林一三は当時の雑誌で地下鉄について「地震国における地下鉄道は如何にも大胆なる設計」「万一の場合における隧道内の危険は想像するだに戦慄を禁じ得ない」などとの地下鉄批判を行なっており、本当に地下鉄に対して疑問を抱いていた可能性もある。

結局、阪急は長期間の交渉の末、１９３３年10月に高架線での工事施工認可を取得。１９３５年（昭和10）に着工し、翌１９３６年（昭和11）4月に神戸（現・神戸三宮）までの延伸開業を果たした。

同時にそれまでの神戸駅は「上筒井」に駅名を変更。このときに西灘駅（現・王子公園駅）が開業し、上筒井までの線路は同駅から分岐する支線「上筒井線」となった。だが、それほど距離があるわけでもない同線の利用客は少なく、結局１９４0年（昭和15）5月20日をもって同線と上筒井駅は廃止され、約20年の歴史に幕を閉じた。

現在も残る線路はこの暫定ターミナルへと延びていた部分。一時は新車の搬入にも使われていたが、重要な役割も担ったことがある。1995年(平成7)に発生した阪神・淡路大震災のさい、神戸市内の区間としては最初に復旧した王子公園―御影(みかげ)間を走る車両の搬入(はんにゅう)に使われたのだ。

復興への大役を果たした線路は、いまもかつてのターミナルへ通じていたころの面影を残しつつ存在している。

驚くほどの大変貌を遂げた川西能勢口駅

阪急の駅は、全線をいくつかの管区に分割し、管区全体を管理する「統括駅長」を置いて、傘下(さんか)の駅業務も管轄(かんかつ)するかたちをとっている。

川西能勢口駅は、その統括駅長がいる駅のひとつだ。東隣の池田駅に代わって昇格したのは1996年(平成8)のことだった。

兵庫県川西市は、1990年代以降、全国の自治体別の人口増加率でトップ10に入るほど人口が急増したベッドタウン。駅は阪急の10両編成対応3線と、8両編成に対応した能勢電鉄の2線を合わせた5線の発着線を持つ、まさに市の玄関口にふさわしい堂々たる高架駅だ。

1997年（平成9）11月から運転開始された、平日朝夕のラッシュ時に見られる阪急と能勢電鉄の直通特急「日生エクスプレス」も、市の発展を象徴するかのようだ。

高架下には商業施設「ベルフローラ」、駅前には商業ビル「アステ阪急」が鎮座しており阪急百貨店も入居している。JR福知山線の川西池田駅ともペデストリアンデッキで結ばれており、近代的な様相を見せている。1960年代の川西能勢口を知る人に言わせると、信じられないほどの発展ぶりだという。

では、当時はどんな様子だったかといえば、阪急の駅は上り下りそれぞれのホームが対面で配置された地平駅で、下りホームの外側には側線が1本延びており、砂利を積んだ貨車が留置されていたこともあった。

能勢電鉄は行き止まりの発着線1線と、国鉄（現・JR）川西池田駅近くにあった「川西国鉄前」駅と直通できる発着線が1線。日中は川西国鉄前駅とのあいだを往復する1両の列車が停まっていた。車両も小型車ばかりで、阪急との直通特急が走るなど夢のまた夢といった風情だった……という。

ホームが高架化された現在は10両編成対応となっているものの、地上時代は両側の踏切に挟まれてホームの延伸ができず、10両編成が運転開始されてからは梅田寄りの2両のドアは締切扱いとしていた。

阪急の駅周辺は比較的早くから整備されており、細部は改良されているものの、当時の面影を残しているところも少なくない。もちろん高度成長期以降、高架化された駅もいくつかあるが、周辺を含めてこれほどの変貌を遂げた駅は、宝塚線だけでなく、阪急全線でも珍しい部類に入るだろう。

池田駅は「阪急発祥」の地

大阪府池田市は、阪急の創業当時から縁の深い場所である。

阪急阪神ホールディングス、阪急電鉄の本社事務所は梅田の阪急本社ビル（大阪市北区芝田1丁目）にあるが、会社登記上の本店は池田市栄町1番1号、現在の池田駅構内だ。

また、創業時から経営に携わり、三代目社長を務めた小林一三の私邸も池田にあった。夫妻の墓も、駅からほど近い大広寺にあるし、阪急の歴史などにかんする図書や資料が所蔵されている「池田文庫」や、小林が収集した美術品を展示する「逸翁美術館」（128ページ参照）もある。記念すべき初の住宅分譲も池田だった。

さらに、宝塚線の車両基地の最寄り駅もかつて池田だった。駅北側を並行して延びる国道176号線は、「池田駅前」交差点の西すぐのところから右へカーブを描きつつ猪名川方面へ進む。いっぽう、南を走る阪急の線路は直線のまま猪名川橋梁に差しかかる。

その国道と線路のあいだに広がる三角地がその跡地だ。車両基地へと通じる線路は駅の西方で分岐し、検修線と洗浄線が2〜3線ずつ、そして10線ほどの留置線を備えており、8両編成を停めておける長さがあった。

しかし、編成両数が4〜5両だった時期までは、この規模でも充分に対応できたが、戦後復興期から高度成長期

昭和40年代の池田車庫（写真：毎日新聞社）

にかけての輸送力増強策による車両数の増加に追い付けなくなり、運行本数が減少する日中や早朝・夜間には、豊中―岡町間に設けられた2本の留置線にあふれた列車が停泊していた。それも何編成もが、クルマの縦列(じゅうれつ)駐車のように停まっており、その光景は圧巻だったという。

このように、車両収容力増大が急務となる状況だったが、池田車庫周辺はすでに都市化が進んでおり、拡張は不可能な状態だった。そこで新たに雲雀丘花屋敷駅西方に平井(ひらい)車庫を建設することとし、1971年(昭和46)に完成・移転を果たした。

池田車庫はその時点で任務を終えたが、現在もわずかに残る池田折り返し用の留置線が残っており、名残を留(とど)めている。

1960年代ごろまでの宝塚線のダイヤは、急行は全線を直通するものの、普通列車の半数は池田折り返し。平日朝夕に限って運転される準急も、石橋から箕面線に乗り入れる列車を除いて池田で折り返していた。

現在では、梅田発池田行きの列車は夜間に1本のみで、普通列車は朝方の一部を除き、雲雀丘花屋敷折り返しとなっている。阪急の歴史に深くかかわる池田だが、車庫を含め、列車運転上の機能はほかの駅へと移っていったわけだ。

あなたは読める？ 意外と多い「難読駅名」

全国に数多く存在する、そのままではなんと読めばいいのかわかりにくい「難読駅名」。関西には歴史の古い地名を駅名にした例が多いためか、メディアなどで取り上げられることもほかの地域より多いようだ。代表例は放出（はなてん：JR西日本学研都市線・おおさか東線）や、喜連瓜破（きれうりわり：大阪市営地下鉄谷町線）あたりだろう。

阪急にも「難読」とされる駅名は多い。宝塚線の「売布神社」「清荒神」、千里線の「柴島」、京都線の「正雀」、神戸線の「夙川」、今津線の「小林」、箕面線の「牧落」あたりが一般的に難読とされる駅名だろうか。

それぞれ読み方は、順に「めふじんじゃ」「きよしこうじん」「くにじま」「しょうじゃく」「しゅくがわ」「おばやし」「まきおち」だ。

このなかでトップクラスの難読駅は、なんといっても「売布神社」。知らなければ、なかなか「売布」を「めふ」とは読めないはずだ。この駅名の由来は、同駅の北側に位置する、605年に創建されたと伝えられる古刹（こさつ）である。

隣駅の「清荒神」も読みにくく、難読駅名が連続している区間だ。こちらは「かまでの神様」として知られる清荒神清澄寺の最寄り駅。駅から寺までは徒歩20分ほどである。「柴島」「小林」は、知らない人なら「しばしま」「こばやし」と読んでしまうことだろう。柴島は平安時代には「国島」と書かれていたが、読みだけが残ったといわれる地名だ。

「阪急」がつく地名があるって本当？

大手私鉄の路線には「近鉄奈良」「京阪山科（けいはんやましな）」などといったように、社名を冠（かん）した駅名が存在することが多い。そんななか、阪急は阪神、南海とともに、自社の社名がついた駅を持たない鉄道だ。

ほかの路線に同名の駅があってもウチはウチ、というポリシーを感じさせる部分でもあるが、そのいっぽうでじつは「阪急」と付いた地名が存在する。「三条京阪」や「野田阪神（のだ）」といった通称の地名ではなく、正式な地名だ。

その場所とは「大阪府摂津市阪急正雀」。「正雀」は京都線正雀駅近くにある正雀工場及び車庫の所在地だ。地図で見るとわかるが、正雀駅の駅舎と正雀工場・車庫を含む一帯の町名が「阪急正雀」となっている。地名を社名の一部にしている会社は数多いが、社名が地名になった例は珍しいといえるだろう。

この町名のエリア内にあるのは、駅や工場を含め阪急の関連施設。東口を出たところを通る、線路と並行した通りには商店や民家、郵便局なども並んでおり、一瞬これらの住所も阪急正雀なのでは……と思ってしまうが、阪急関連施設以外の部分はうまく境界が設定されており、これらの住所は「正雀本町1丁目」となる。

熱烈な阪急電鉄ファンなら「阪急」と付いた地名に家が欲しいと思うかもしれないが、残念ながら「阪急正雀」に住むのは難しそうだ。

ちなみに「正雀」の地名は、摂津市と吹田(すいた)市の境界にあり、駅の下を流れている正雀川から付いたという。

⑦

◀乗客の心をとらえて離さない!▶

サービスの謎学

たとえば…
車内アナウンスが
少しずつ変化しているって?

きっぷに記された梅田の「田」の字は、なぜヘンな形？

自動改札機に直接投入することができるラガールカード（次項参照）や、タッチで通過できるＩＣカード乗車券の普及によって、「きっぷ」を目にする機会はだいぶ減っている。

だが、阪急の梅田駅できっぷを買ったときには、印字されたその券面をよく見てみよう。沿線利用者にはよく知られていることだが、梅田の「田」の字が「口」のなかにカタカナの「メ」を書いたような、不思議な形をしているのだ。

きっぷだけでなく、定期券やラガールカードの裏面に印字される駅名にも、同様の不思議な文字が使われている。「大阪人しか読めない漢字」として、近年インターネット上でも話題を呼んだ字だ。

これは、かつて駅員が改札を行なっていたさい、ほかの駅名と梅田の見分けがつきやすいように生まれた工夫だ。

阪急には「田」の付く駅名が、梅田のほかに「園田（そのだ）」「池田（いけだ）」「富田（とんだ）」「吹田（すいた）」「山田（やまだ）」と5駅ある。いずれも漢字2文字で「田」が付いており、パッと見ただけでは見分けがつきにくい。

そこで、もっとも利用者数の多い梅田駅の「田」を特殊な文字にすることで、正しい定期券やきっぷが使われているかどうかをひと目でチェックできるようにしたのだ。

では、この不思議な文字はいつから使われだしたのか。正確な記録はないというが、その目的から改札が自動化される前であることは明らかだろう。阪急の自動改札機導入は全国的にも早く、1983年（昭和58）7月には全駅に自動改札機の設置を終えている（37ページ参照）。

沿線出身のベテラン鉄道ファンらに尋ねてみると、どうやらきっぷについては自動改札機が普及し始めた昭和40年代後半、定期券はそれより古く、昭和30年代には存在していたようだ。

当初の目的から考えれば、もはや必要がなくなっているこの文字だが、長らく阪急梅田駅の利用者に親しまれている特徴のひとつである。

「田」の字が特徴的なきっぷ（写真：そらみみ）

「改札に直接投入できるカード」は阪急が日本初！

「PiTaPa」や「ICOCA」などのICカード乗車券やプリペイド磁気カードは、そのまま自動改札機を通ることができるため、とても便利だ。

このようなシステムを「ストアードフェアシステム」と呼ぶが、日本で初めてこのシステムを全線全駅に導入したのは阪急だった。2017年（平成29）3月末で発売を終了する「ラガールカード」である。

ラガールカードの発売が始まったのは1989年（平成元）。名称は、フランス語で駅（la gare、laは冠詞）を意味する。当時はJRの「オレンジカード」など、券売機できっぷを買うためのプリペイド磁気カードの全盛期で、ラガールカードもこういったカードのひとつとして発売が始まった。

しかし、阪急は当初から改札機に直接投入できるストアードフェアシステムを導入する計画でカードの発売を開始しており、全駅に機器類の設置が済んだ1992年（平成4）4月1日から、改札機に直接ラガールカードを投入できる「ラガール・スルー」システムをスタートさせた。

ストアードフェアシステムのカードは、1991年（平成3）3月にJR東日本が

「イオカード」、同年11月に営団地下鉄（現・東京メトロ）が「ＮＳメトロカード（のちにＳＦメトロカード）」を導入しており、ラガールカードは日本初ではない。だが、イオカードやＮＳメトロカードは利用できる路線や駅が限られていたのに対し、阪急は日本で初めて全線全駅で利用可能になった点が画期的だった。

　ラガール・スルーのシステムは１９９４年（平成6）4月1日には能勢電鉄でも「パストラルスルー」として採用され、さらに１９９６年（平成8）3月20日からは大阪市交通局、阪神電鉄、北大阪急行電鉄とのシステム共通化を実施。これによって、阪急と能勢電鉄を含む5社局の路線が共通のカードで乗車できるようになり、いまに続く「スルッとＫＡＮＳＡＩ」がスタートした。

　つまり、現在では関西一円の鉄道・バスで利用できるようになった「スルッとＫＡＮＳＡＩ」の礎を築いたのは、阪急のラガールカードだったのだ。関東地方で私鉄・バスによる共通利用磁気カード「パスネット」がスタートしたのは、２０００年（平成12）10月だったことを考えると、当時の関西私鉄、そして阪急の先進性がわかる。

　だが、ＪＲ東日本が２００１年（平成13）に非接触型ＩＣカード乗車券「Ｓｕｉｃａ」を発売して以来、時代はしだいにＩＣカードの時代に移行。ＪＲ西日本も２

００３年（平成15）11月に「ＩＣＯＣＡ」の発売を開始する。

共通利用磁気カードでは関西よりもやや出遅れた関東の私鉄・バスも２００７年（平成19）３月に「ＰＡＳＭＯ」を導入。磁気カードのパスネットは翌２００８年（平成20）には発売終了、２０１５年（平成27）３月末で利用期間も終了し、関東の鉄道は完全にＩＣカードの時代になった。

いっぽう、阪急でＩＣカード乗車券を利用しようと思えば、クレジットカードのように手続きの必要な「ＰｉＴａＰａ」を利用するか、券売機で買えるタイプなら「ＩＣＯＣＡ」などの他社発行カードを利用するしかない。

磁気式の「スルッとＫＡＮＳＡＩ」対応カードは発売終了となるが、その後、阪急・阪神・能勢電鉄・北大阪急行電鉄の４社が独自に発売する共通利用カードはやはり磁気カードだ。

ストアードフェアシステムなどでは、全国でも先駆的な取り組みを見せた阪急だが、ＩＣカード乗車券にかんしては、やや後れをとってしまったようである。

なんと「女学生専用列車」を走らせていた！

いまでは全国各地の鉄道に浸透した「女性専用車両」。阪急でも、現在では神戸・

宝塚・京都の3線を走る特急・通勤特急で女性専用車を設定している。阪急の特徴は、宝塚線、神戸線は平日朝ラッシュ時の通勤特急のみの運行であるものの、京都線では平日の1日じゅう設定している点だ。

関西では大阪市営地下鉄やJR、北大阪急行電鉄など女性専用車を終日設定している例は珍しくないが、大手私鉄というカテゴリーで考えると、終日女性専用車を設定しているのは阪急だけだ。

現在に続く女性専用車が阪急に登場したのは2002年（平成14）10月。関西の私鉄としては京阪電鉄と並んで早く、国土交通省の「女性専用車両路線拡大モデル調査」に応じるかたちで京都線に試験導入し、同年12月から本格採用に踏み切った。

その後しばらくは他線での導入は行なわれなかったが、2015年（平成27）3月に宝塚線、2016年（平成28）3月からは神戸線にも導入した。

女性専用車となっているのは、神戸線・宝塚線では10両編成の通勤特急のうち、もっとも神戸三宮・宝塚寄りの車両。京都線では特急・通勤特急のうち「2人がけシートのある車両のみ梅田方から5両目」となっている。

2人がけシートとは、つまりクロスシートのこと。国交省の「女性専用車両路線拡大モデル調査」の報告書によると、クロスシートの車両限定で終日設定とした理由は、2人がけシートのほうが痴漢被害の発生する可能性が高く、かつ特急の場合は駅間の距離が長いためだという。

これが現在の女性専用車だが、阪急では戦前、女性専用車ならぬ「女学生専用」の列車が走っていた。現在のように一般の列車の一部車両を専用にするのではなく、完全な貸し切り列車だ。

女学生用列車が存在した代表例は神戸女学院。1933年（昭和8）に同学院が神戸市内から西宮に移転したさい、当時の神戸駅（のちの上筒井駅〈193ページ参照〉）から西宮北口を経て門戸厄神までの「神戸女学院貸切車」が運転されていた。この列車は1両編成。つまり、他の列車とは別の独立したダイヤで走っていたわけだ。さらに、元阪急電鉄社員の橋本雅夫氏による『阪急電車青春物語』（草思社）によると、西宮北口—小林間には聖心女子学院の専用車が運転されていたほか、宝塚線の豊中駅が最寄りの梅花高等女学校、石橋駅が最寄りの宣真高等女学校の専用車もあったという。

こういった専用車の運転は、これらの学校に通う「良家の子女」に安心して通学できる環境を提供しようということはもちろん、阪急みずからが学校の誘致に積極的に取り組んでいたことの表れともいえるだろう。

車内アナウンスが少しずつ変化しているって？

「みなさま」という呼びかけで始まる阪急のアナウンス。ていねいさとともに優雅さも感じさせるこのフレーズは、まだマイクなどない時代、乗客の前で直接語りかけていたころの名残だという。

だが、かつてはもっとていねいな口調のアナウンスが行なわれていた。たとえば、かつての神戸線梅田行き特急ならこんな具合だ。

「まもなく西宮、西宮北口、西宮球場前でございます。宝塚、今津方面はお乗り換え願います。西宮北口を出ますと十三まで停まりません」

車掌が別の人に代わっても、セリフはおろか抑揚にいたるまですべて同じであった。というのも、車掌の教習所で楽譜まで用意されて叩きこまれていたのだという。

当時の国鉄（現・JR）が抑揚のない事務的な案内放送だったのとは対照的に、阪急のていねいな放送はブランドイメージを形づくるうえでも役立っていた。

だが、阪急の案内放送が「わかりにくい」という人も存在した。気取ってはいるものの、語尾が不明瞭だったり、独特の節回しがくどく聞こえたりするというのだ。

表現がていねいであるいっぽうで、かつては梅田や三宮、宝塚といった駅への到着時には、ライバルである国鉄への乗り換え案内もなかった。沿線の人たちに電車を気分良く利用してもらおうとする阪急のおもてなし精神と、事務的ではあっても簡潔に情報を伝えることを優先していた国鉄の違いが表れていたといえるだろう。

独特の車内アナウンスも、1996年（平成8）には「○○、○○でございます」という駅名の連呼を廃止、「お乗り換え願います」が「お乗り換えください」に、「○○まで停まりません」が「次は○○に停まります」にそれぞれ変わった。

さらに2005年（平成17）には、語尾の「ございます」をやめ、「です」への変更も行なわれている。

地域の特徴だったものが、全国均一（きんいつ）のかたちへ……という標準化の波が、阪急の車内放送にも押し寄せたといえる。

テレビ電話で、きめ細やかな乗客対応が可能に！

近年では、都市部の駅でも自動改札化の進展や合理化によって、駅員が常時配置されていない改札口も存在するようになった。鉄道各社ではこういった改札口にインターホンを設け、駅員のいる事務室などとの連絡が取れるしくみを設けているが、音声による通話だけでは聴覚障害者には使えないといった問題点もある。

そこで阪急が導入したのは「テレビ電話機能付きインターホン」だ。２０１１年（平成23）４月から全駅で使用を開始した「駅係員よびだしインターホン」は、筐体（きょうたい）にカメラと液晶ディスプレイを搭載。呼び出しボタンを押すと、各駅の改札口や全線の主要８駅に設けられたサポートセンターに接続され、係員の顔を見ながら話すことができる。

画面を通じて対話できるため、筆記用具を持っていれば筆談によるコミュニケーションも可能。聴覚障害者も利用できる対話手段となっている。

また、テレビ電話機能だけでなく、画面には周辺や駅構内の案内図などを映し出し、表示しながらの説明やプリントアウトも可能だ。きっぷの券面やカ

全駅に設置されている、テレビ電話機能付きの「よびだしインターホン」

ードを確認できる機能も搭載しており、たとえばICカードに入場記録が残っておらず、自動改札を出られない……といった場合の処理も遠隔操作で行なえる。

これらの取り組みは「コミュニケーションのバリアフリー化を果たした」として、2014年（平成26）に国土交通省バリアフリー化推進功労者大臣表彰を受賞。「単に機器や設備整備を行なうに留まらない、人による対応を質的に充実させた他の模範となる取り組み」と評価された。

世界初の自動改札機実用化に見られるように、駅の利便性を向上させる新技術の導入には昔から積極的だった阪急。テレビ電話を使った「駅係員よびだしインターホン」は、そのスピリットがいまも健在であることを示す設備といえる。

優先席を一時的に廃止していた事情とは？

阪急電鉄のシートは、一般の座席が「ゴールデンオリーブ」と呼ばれる独特の緑色、そして優先座席が赤紫の「マゼンタ」だ。

優先座席のマゼンタ色は2014年（平成26）から導入され、同時にその位置もそれまで編成によって異なるケースがあったのを、各車両の神戸三宮・宝塚・河原町寄りに統一。優先席の位置をよりわかりやすくした。

しかし、阪急は一時期、優先座席を廃止したことがあった。けっして「弱者切り捨て」ではない。むしろその真逆で「全席が優先席」とすることで、どの席であっても利用者に譲り合いの心を持ってもらおうという狙いだったのだ。

「全席が優先席」であるとして、阪急がいわゆる優先座席の区分を廃止したのは1999年（平成11）4月1日のこと。「お年寄りや身体が不自由な人、妊娠中の女性などが一部の座席に追いやられるのではなく、どの席でも利用できるのが本来の姿であるべきで、乗客みんなが積極的に席を譲り合おう」と、阪急のほかにグループの能勢電鉄と神戸電鉄でも同様の取り組みを行なった。

言ってみれば「性善説」にもとづく考え方で、阪急は車内で席を譲り合うよう積極的にPR。社会的にも注目を集め、一種の社会実験ともいえる試みだった。

約4年半後の2003年（平成15）12月には、神奈川県の横浜市営地下鉄も追随し、「全席が優先席」の試みは広がるかに見えた。

ところが、高齢者を中心に「席を譲ってもらえない」「優先席が決まっているほうが席を譲ってもらいやすい」といった苦情が続出。ついには株主総会でもこれらの声が出るようになった。

そして2007年（平成19）10月29日、阪急・能勢電鉄・神戸電鉄でついに優先座席が「復活」することとなった。阪急が期待した「性善説」にもとづく取り組みは、約8年半を経ても、残念ながら浸透しなかったのだ。

横浜市営地下鉄ではその後もしばらく続いたが、こちらも2012年(平成24)にポリシー自体は変えていないものの「とくに席の譲り合いをお願いする」座席として「ゆずりあいシート」を設置。実質的には優先座席が復活したかたちとなっている。残念ながら、譲り合いの心はなかなか浸透しない世の中のようだ。

「阪急環状線」のおトクな利用法とは?

「環状線」といえば、まず思い出されるのはJRの大阪環状線や東京の山手線。だが、じつは阪急にも環状線がある。といっても、じっさいに一周している路線があるわけではない。乗り継いでいくと、うまい具合にひと回りできてしまう区間があるのだ。

それはどこかというと、十三―宝塚―西宮北口―十三間。宝塚線と今津線、そして神戸線を乗り継ぐと、この区間を一周できる。「阪急環状線」という呼び名はオフィシャルでも使われており、たとえば年始に利用できる「ぐるっと初詣パス」の案内には、使用できる区間として「十三～宝塚～西宮北口～十三を結ぶ阪急環状線」

と書かれている。

この「阪急環状線」一周の距離は約43キロメートル。一周約21・7キロの大阪環状線や、34・5キロの山手線よりも長い。じっさいに乗り継いで一周したさいの所要時間は、宝塚線で急行、神戸線で特急を利用した場合で約1時間といったところだ。

◀ぐるっと初詣パスが使える範囲▶

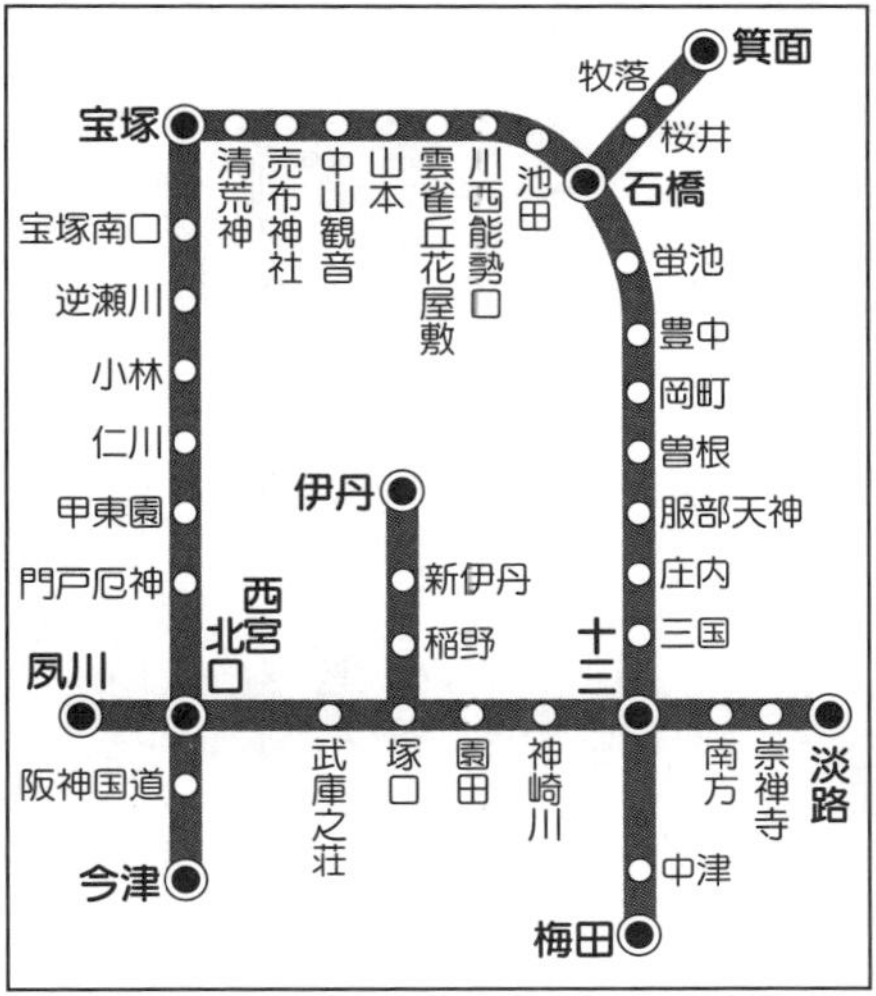

気になるのは「隣の駅に行くきっぷで、ぐるっと遠回りして乗ってもいいのか？」だろう。大阪環状線なら、大阪から天満までのきっぷで西九条方面の列車に乗って遠回りしてもルール上問題ない。では、阪急でも十三から三国まで150円のきっぷを買って、宝塚線に乗らず神戸線に乗り、西宮北口・宝塚を回ってもいいのだろうか？

この答えは「OK」。JRの大

都市近郊区間と同様、環状線部分の運賃はじっさいの乗車経路にかかわらず、最短距離で計算するルールとなっている。すぐ隣の駅に行くさいに、「ポテそば」が食べたいから十三経由で行こう、というのも問題ないわけだ。

だが、定期券の場合は少しやっかいだ。最短ルートで計算される乗車券と異なり、定期はじっさいの経路に応じて運賃が異なる。たとえば、神戸三宮から池田までの通勤定期券1か月の場合、宝塚経由（神戸線・今津線・宝塚線）だと1万2840円だが、十三経由だと1万4840円となる。宝塚経由の定期券で十三を経由して乗車しても問題ないが、その場合、本来の経路ではない区間では途中下車はできないので要注意。

また、通学定期券は原則として最短ルートで運賃を計算することになっており、遠回りのルートは発行できない。通勤定期よりも割引率が高いため、発売にはさまざまな条件があるのだ。

ホーム上コンビニの元祖も阪急だった！

現在では珍しくなくなった駅ホーム上のコンビニエンスストア。従来の売店より販売品目も多く、便利な存在として全国各地の鉄道駅に広がっている。

鉄道会社系のコンビニといえば、現在セブン-イレブンとの提携により店舗の転換を進めているJR西日本の「ハート・イン」や、JR東日本の「ニューデイズ」などが目立つところで、駅ホームへの出店も、これらの会社が先駆けて行なった……と思われがちだ。

だが、じつはホーム上にコンビニを初めて出店させたのは阪急だった。1995年（平成7）4月20日に、十三駅の2・3号線ホームに開店した「アズナス」1号店が、日本で初めてホームに設けられたコンビニである。同駅は乗り換え客が多いため、そのあいだに買い物をする利用者が多いことを見込んで開店したのだ。

アズナス（asnas）の名前の由来は、英語の「as soon as」からで「お客様のニーズにすばやく対応したい」との意味を込めているという。現在では、コンビニタイプの店舗である「アズナス」と、ややコンパクトな「アズナスエクスプレス」の2タイプの店舗を展開しており、運営会社は、阪急阪神グループの駅売店や自動販売機事業なども手がける「エキ・リテール・サービス阪急阪神」。アズナスとアズナスエクスプレスを合わせ、阪急・阪神沿線に計57店舗がある。

1号店がオープンした十三駅は、日本初のホーム上コンビニ設置駅であるだけでなく、関西私鉄で初めての駅立ち食いそば「阪急そば」が誕生した駅でもある（46

ページ参照)。

同駅の1日乗降客数は約7万4600人で、阪急のなかでは梅田、神戸三宮、西宮北口、烏丸(からすま)に次いで5番目。3つの路線が乗り入れ、乗り換え客が多いことから、駅ナカでの飲食店や小売業の展開には向いた駅だといえる。

阪急のなかでも〝初物(はつもの)〟が多い同駅だが、今後は2019年春ごろを目標にホームドアの設置も行なわれることになった。地下鉄などでは進んでいるホームドアの設置だが、阪急はもちろんのこと、関西大手私鉄ではこれが初めて。十三駅の〝初物〟の歴史に、また新たな記録が刻まれることになる。

「エスカレーター片側開け」は阪急が発祥?

「関東と関西の違い」としてよくいわれるのが「エスカレーターのどちら側を開けるか」。

関西、とくに大阪では右側に立ち、左側を開けておくのが一般的。これに対し、関東では左側に立ち、右側を開けておくのがふつうだ。ちなみに海外でも片側開けは一般的で、ロンドンの地下鉄では古くから「Stand on the right(右に立ちましょう)」という表示がある。

この「エスカレーターの片側開け」が国内に浸透した時期や理由は諸説あるが、阪急が生んだ習慣という説も有力だ。

それは、1967年（昭和42）に阪急梅田駅の移転が行なわれたさい、3階改札口へと通じる長いエスカレーターが誕生したが、ここで「左側をお開けください」との放送が流されたことが始まりという説。

なぜ左側なのか、という理由についての記録は残っていないそうだが、「じっさいの利用状況を見て、右側に立っている人が多かったことから」との指摘がなされている。

このほかに「1970年（昭和45）の大阪万博を契機に、海外では多く見られる左側開けの習慣が根付いた」という説もある。

ちなみに関東地方で片側開けが浸透したのは、1980年代末ごろ。1989年（平成元）の新聞記事で、東京の地下鉄千代田線新御茶ノ水駅のエスカレーターで片側開けの習慣が生まれたとの記述がある。

一見すれば合理的な習慣と思える「エスカレーターの片側開け」。だが、どちらかの手が不自由な人は反対側に立たざるを得ない。また、そもそもエスカレーターは本来立ち止まって利用するもので、接触や転倒の危険もあることから、2010年代に入ると「エスカレーターは立ち止まって利用するもの」というキャンペーンが行なわれるようになった。昇降機(しょうこうき)関連の業界団体である日本エレベーター協会も、「エスカレーターは立ち止まって利用するように」と呼びかけている。

阪急のアナウンスも、現在では「手すりにつかまって黄色い線の内側にお立ちください」だ。片側開けから立ち止まっての利用へ、時代は変わりつつある。

※本書の情報は２０１６年12月現在のものです

◉左記の文献等を参考にさせていただきました——
「HANKYU MAROON WORLD 阪急電車のすべて」阪急電鉄株式会社編（阪急電鉄コミュニケーション事業部）／「75年のあゆみ」阪急電鉄株式会社編（阪急電鉄）／「京阪神急行電鉄五十年史」（京阪神急行電鉄）／「阪神急行電鐵二十五年史」吉原政義編（阪神急行電鐵）／「逸翁自叙伝 阪急創業者・小林一三の回想」小林一三（講談社）／「私の行き方」小林一三（斗南書院）／「阪急電車 その全貌から個性とブランドを探る」山口益生（ＪＴＢパブリッシング）／「阪急電車 青春物語」「大阪の電車青春物語」橋本雅夫（草思社）／「阪急沿線の不思議と謎」天野太郎監修（実業之日本社）／「阪急電鉄のひみつ」ＰＨＰ研究所編（ＰＨＰ研究所）／「知れば知るほど面白い 阪急電鉄」野沢敬次（洋泉社）／「全国未成線ガイド」草町義和監修（宝島社）／「関西私鉄文化を考える」金明秀、三宅正弘、島村恭則、難波功士、山口覚（関西学院大学出版会）／「阪神間モダニズム 近代建築さんぽ」藤村郁雄著、沢田伸監修（神戸新聞総合出版センター）／「歴史と神戸」（神戸史学会）／「『大学町』出現 近代都市計画の錬金術」木方十根（河出書房新社）／「Ｒ＆ｍ」各号（日本鉄道車両機械技術協会）／「ＪＲＥＡ」各号（日本鉄道技術協会）／「交通技術」各号（交通協力会）／「鉄道ピクトリアル」各号（電気車研究会）／「鉄道ダイヤ情報」各号（交通新聞社）／「週刊東洋経済」各号（東洋経済新報社）／朝日新聞／読売新聞／毎日新聞／日本経済新聞／産経新聞／神戸新聞／阪急電鉄／阪急阪神ホールディングス／阪神電鉄／神戸高速鉄道／国土交通省／乗りものニュース／レスポンス／東洋経済オンラインほか

KAWADE
夢文庫

阪急電鉄
スゴすぎ謎学

二〇一七年二月一日　初版発行
二〇一七年三月五日　3刷発行

著　者…………小佐野カゲトシ
企画・編集……夢の設計社
東京都新宿区山吹町二六一〒162-0801
☎〇三―三二六七―七八五一（編集）

発行者…………小野寺優
発行所…………河出書房新社
東京都渋谷区千駄ヶ谷二―三二―二〒151-0051
☎〇三―三四〇四―一二〇一（営業）
http://www.kawade.co.jp/

装　幀…………川上成夫＋川﨑稔子
印刷・製本……中央精版印刷株式会社
DTP…………アルファヴィル

Printed in Japan ISBN978-4-309-49960-4